曹薰铉、李昌镐精讲围棋系列

试应手

精讲围棋中盘技巧

李昌镐围棋研究室 编著

化学工业出版社
·北京·

图书在版编目（CIP）数据

精讲围棋中盘技巧.试应手/李昌镐围棋研究室编著.—北京：化学工业出版社，2020.5
（曹薰铉、李昌镐精讲围棋系列）
ISBN 978-7-122-36257-5

Ⅰ.①精⋯　Ⅱ.①李⋯　Ⅲ.①围棋-对局（棋类运动）Ⅳ.①G891.3

中国版本图书馆CIP数据核字（2020）第030515号

责任编辑：史　懿　　　　　　　　　装帧设计：刘丽华
责任校对：栾尚元

出版发行：化学工业出版社（北京市东城区青年湖南街13号　邮政编码100011）
印　　装：大厂聚鑫印刷有限责任公司
710mm×1000mm 1/16　印张14½　字数210千字　2020年9月北京第1版第1次印刷

购书咨询：010-64518888　　　　　　售后服务：010-64518899
网　　址：http：//www.cip.com.cn

凡购买本书，如有缺损质量问题，本社销售中心负责调换。

定　价：59.80元　　　　　　　　　　　　　　　　　版权所有　违者必究

围棋与其他运动相比，更加追求效率，这是围棋的趣味所在。虽然围棋最终的胜负由所围目数的多寡来决定，但在围目的过程中，棋子的效率对胜负有决定性影响。

　　评价一手棋时，我们经常使用"一石二鸟""一石三鸟"这一类的中国成语，总是反复研究其方法，以追求棋子作用的最大化。我们通过观察实战中杀大龙的过程就可以发现，这一切均与棋子的效率密切相关，由此我们也可以判断出棋手的水平。有时在不得已的情况下，一块棋被杀，高手会取得相应的补偿，而低手却不会，一块棋一旦被杀，胜负就会一目了然。而有时高手即使大龙被屠，胜负依然难以预料。

　　围棋是由布局、定式、死活和官子等多个环节组合成的，其中与棋子效率相关的最难的技术便是试应手。试应手好比拳击比赛中的引拳。在发动进攻之前，通过引拳来观察对方的动向并发现对方的弱点非常重要。千万不可小看试应手，没有日积月累的学习，便不可能下出令人惊叹的妙棋来。我的老师曹薰铉九段，在试应手技术的应用上可谓首屈一指。而以快棋著称的曹薰铉九段，其试应手的诀窍就是努力追求盘上棋子的最高效率。

　　这本《精讲围棋中盘技巧.试应手》中的棋例，全部取材于韩国职业棋手的实战。作者将不同场景下的试应手进行梳理、分类，以问题的形式提出，通过分析棋形及所要达到的目的，来引导读者发现行棋效率最高的试应手。深入学习这本书，相信能对广大读者提高棋力有所帮助。

2020 年 5 月

围棋是中国的国粹,它能启发智力,开拓思维,是一项非常有益的修身养性的娱乐活动。成人通过学习围棋,可以培养自己良好的心境和大局观;儿童通过学习围棋,可以培养耐心,提高注意力,锻炼独立思考能力,挖掘思维潜能,对课业学习也有十分明显的帮助。

那么如何学习围棋?如何学好围棋?什么样的围棋书才能更有针对性地提升棋艺水平?

韩国棋手曹薰铉、李昌镐不仅是韩国围棋的代表人物,在国际棋界也有举足轻重的地位。我们经与曹薰铉、李昌镐本人直接接洽,使得本系列书得以顺利出版。

《精讲围棋中盘技巧》以介绍实战中经常出现的基本棋形和提出并解答问题的形式,向大家讲解中盘战中的各种技巧。相信这套书对读者提高棋力会有很大帮助。本书中的问题,均是在完整棋盘上,截取局部打入的片段,未涉及打入部分的棋子在棋盘中被省略。

另外,本套书是"曹薰铉、李昌镐精讲围棋系列"的其中一套。本系列书共包括定式、布局、棋形、中盘、对局、官子、死活、手筋共 8 个主题,使用了韩国职业棋手的大量一手资料,其难度贯穿了围棋入门、提高、实战和入段等各个阶段,内容覆盖了实战围棋各个方面,是非常系统且透彻的围棋自学读物。

最后,对承担本书稿件整理、编辑出版工作的朋友们一并致以诚挚的谢意。

编著者

2020 年 3 月

第1章 精彩对局中的试应手30型

问题 1 1
问题 2 5
问题 3 8
问题 4 11
问题 5 14
问题 6 18
问题 7 22
问题 8 26
问题 9 30
问题 10 33
问题 11 37
问题 12 40
问题 13 43
问题 14 46
问题 15 49
问题 16 52
问题 17 56
问题 18 59
问题 19 62
问题 20 65
问题 21 68
问题 22 71
问题 23 74
问题 24 77
问题 25 80
问题 26 83
问题 27 87
问题 28 90
问题 29 93
问题 30 96

第2章 凌厉攻击中的试应手8型

问题 1 100
问题 2 103
问题 3 108
问题 4 112
问题 5 117
问题 6 121
问题 7 124
问题 8 127

第 3 章　惊险打入中的试应手 5 型

问题 1 130
问题 2 133
问题 3 136
问题 4 140
问题 5 143

第 4 章　腾挪作战中的试应手 20 型

问题 1 146
问题 2 150
问题 3 153
问题 4 157
问题 5 160
问题 6 163
问题 7 166
问题 8 169
问题 9 172
问题 10 175
问题 11 178

问题 12 181
问题 13 184
问题 14 187
问题 15 190
问题 16 194
问题 17 197
问题 18 200
问题 19 203
问题 20 206

第 5 章　制造劫材的试应手 2 型

问题 1 209
问题 2 213

第 6 章　官子中的试应手 3 型

问题 1 217
问题 2 220
问题 3 223

第1章
精彩对局中的试应手30型

问题1

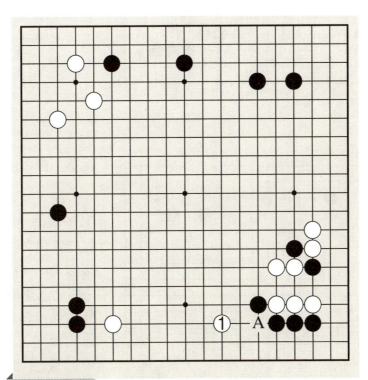

问题图　黑先

棋局分析： 白棋为在下边构筑阵营，而于白1逼。黑棋如果脱先，白棋有在A位切断的严厉手段，因此黑棋必须防备A位的断。但是黑棋如果单单在A位接，棋形又显笨拙。那么黑棋应如何预防白棋的切断，又威胁下边的白棋，并给右边的白棋留有余味？

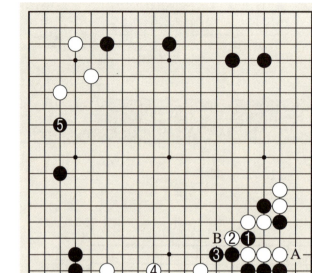

图1 正解

图1 正解

黑1挖，追求行棋的节奏。黑1看似送子给对方吃，但有杀身成仁的作用。白2打，正合黑棋的意图，黑3很自然地长，并伺机在下边打入。白4如果补棋，黑5则抢占大场，以后黑棋还有A位扳和B位打吃的手段。

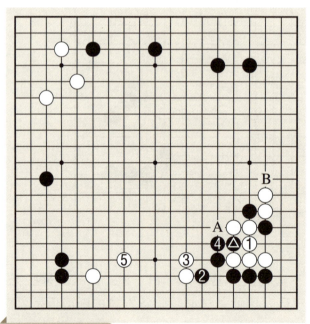

图2 白棋的负担

图2 白棋的负担

图1中的白2如果下成本图中的白1打吃，黑2虎后，黑4可以接，白5只好防守下边。黑△与白1交换的结果是白棋亏了，以后黑可在A位长强攻，或者在B位靠，白棋的负担也很大。

图3　白棋不满

图1中的白2如果下成本图中的白1打吃，则黑2与白3交换后，黑4虎出。白棋不好。

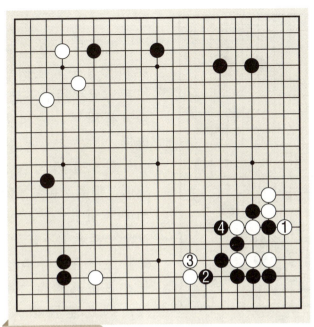

图3　白棋不满

图4　黑棋失败

黑1补断点，虽然无可非议，但白2补棋后，白棋满足。黑1的缺点是步伐迟缓，对右边的白棋不能构成威胁，而且白2补后，黑棋对下边的白棋也无手段可言。

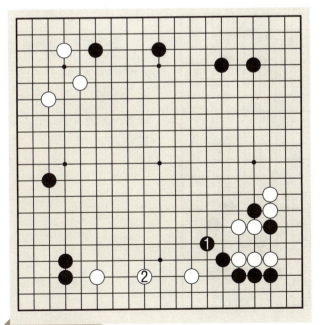

图4　黑棋失败

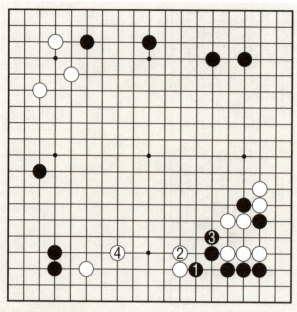

图5 白棋满足

图5　白棋满足

黑1与白2交换后再黑3长，是初级棋手容易采用的下法。白4补棋后，白棋很满足。

图5虽然与图2相似，但图2中的黑▲与白1进行了交换，这个交换看似不起眼，却产生了图2中A位长和B位靠的有力手段，因此差别很大。请参照图6。

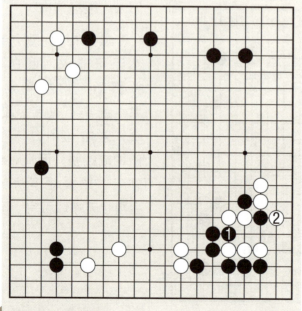

图6 次序的差别

图6　次序的差别

续图5，其后黑1冲时，白棋并不挡，而是白2打吃黑一子，这就是图2与图5的差别。

问题2 ▶▶

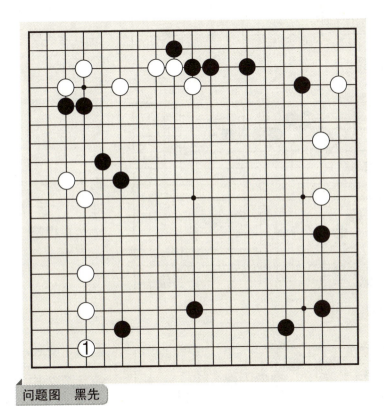

问题图 黑先

棋局分析：白1补角，意在围住左下角。黑棋应利用上边白棋的弱点，以攻击的姿态来达到安定左边黑四子的目的。请问黑棋的手段是什么？

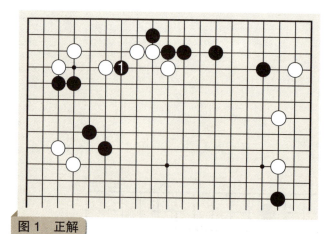

图1 正解

黑1靠，看似漫不经心，实际上非常厉害。对局中若能下出这样的棋，不仅具有相当的魅力，而且可尽显高手风范。后续变化请参见图2。

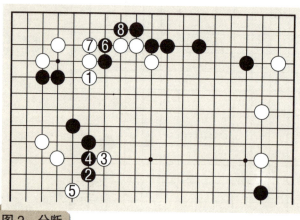

图2 分断

白1长，黑2跳，白3刺时，黑4接，白5围左边，黑6则冲下，至黑8联络，上边白棋被一分为二。

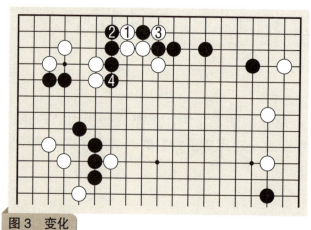

图3 变化

图2中的白7如果下成本图中的白1阻止黑棋的联络，则黑2挡，白3打吃黑一子，黑4出头，白棋已无应手。

图4 黑棋收获大

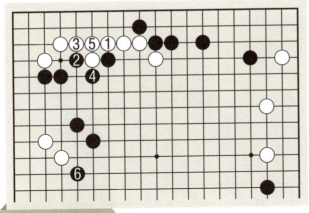

图2中的白1如果下成本图中的白1挡，则黑2夹，白3挡时，黑4先手利用后再黑6飞封，黑棋的收获很大。

图4 黑棋收获大

图5 余味

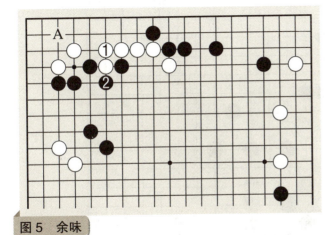

图4中的白3如果下成本图中的白1接，黑2则挡住，此后黑棋有在A位打入的强有力手段，白棋也需补一手。

图5 余味

图6 失败

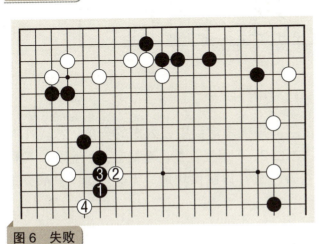

有些棋手会认为左上角的白棋很厚，黑1单跳很稳妥，但白2快节奏地先手利用后，再白4防守，并继续追击黑棋。这样下看似很平常，但其实黑棋有点软。

图6 失败

问题 3 ▶▶

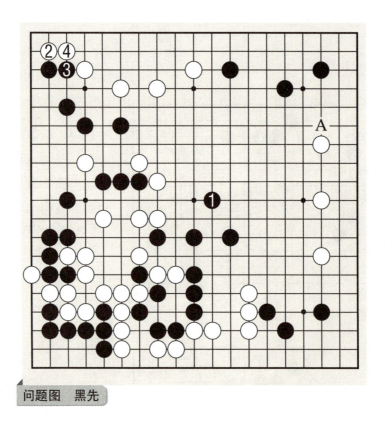

问题图　黑先

棋局分析：这是中盘战斗。黑棋考虑到中腹大龙的安危，故黑1补棋。白棋则顾虑实地不够，才白2、4用强，抢占全局最大的地方。黑棋应先手处理左上角，然后在A位靠，以确保实地。为达到这一目的，黑棋应如何处理左上角？

图1 正解

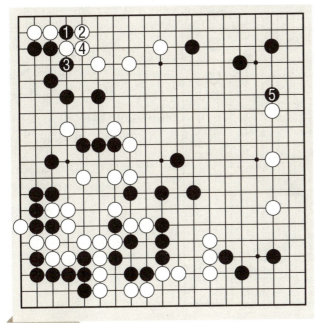

黑1先断是手筋,白2如果打吃,黑3先手利用很干净。黑1虽然有恶手的感觉,但由于白棋形很厚,因而损失不大。白4接后,黑5靠,黑棋可以满足。

图1 正解

图2 黑棋收获大

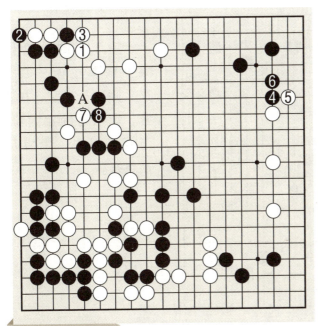

图1中的白2如果下成本图中的白1长,则黑2先手扳很痛快,至黑4,黑棋已在实地上大有收获。其后白5扳,黑6退,白7刺时,由于黑不怕白在A位冲,因而黑8可以挡,黑棋安然无恙。

图2 黑棋收获大

图3 失败

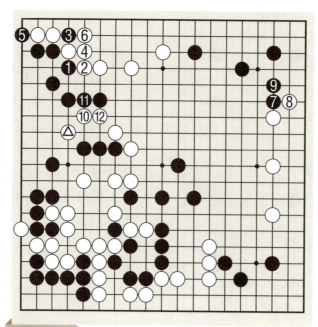

图3 失败

黑1虎，看似是当然的急所，但白2顶，黑3、5先手利用，白棋的损失很小。倘若黑7果真脱先于右上靠，经白8、黑9后，白10、12可以救出白△一子，黑棋不划算。

图4 白棋软弱

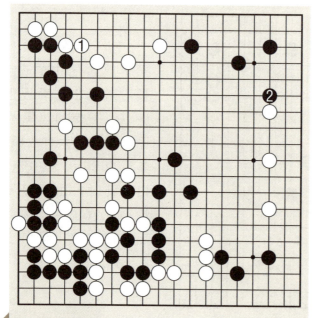

图4 白棋软弱

图3中的白2如果下成本图中的白1退，则过于软弱。黑2靠，黑棋可确立优势。与图1相比，黑棋反而更好。

问题 4

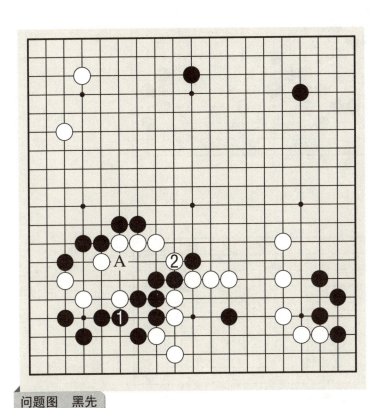

问题图 黑先

棋局分析： 现在的形势是双方在左下角的激战刚告一段落，黑1提白一子，白棋为补A位断点而白2断。左边黑五子与白八子相互纠缠，黑棋虽不能吃住白八子，但可以通过威胁白棋而加强中腹。请问黑棋为达到这一目的，有什么好方法吗？

图1 正解

黑1断,好像有点愚笨,却是正确的利用。以后的变化请参见图2。

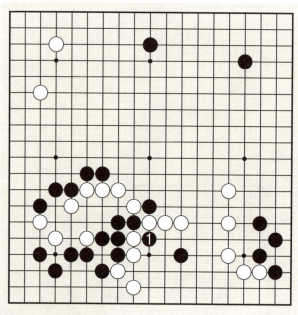

图1 正解

图2 利用

白1打吃,黑2也打吃利用一下,白3不得不接,黑4则先手与白5交换。然后黑6再飞。

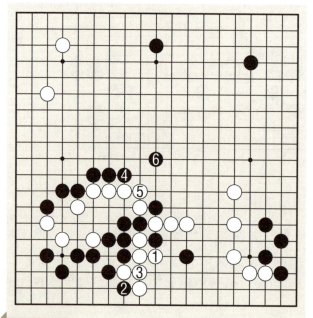

图2 利用

图3 失败

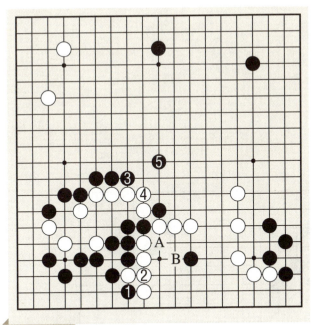

图3 失败

黑1如直接下成本图中的打吃，白2接后，与图1相比，不能令黑满足。此后黑A再断，白棋可下B位。其后黑3长，白4补，黑5仍向中腹出头，缺少的就是图1中的黑1先断。看图2，即使下边黑不能立刻出棋，但如留有余味，可能在以后会有所收获，这即是试应手的目的所在。

图4 白可出头

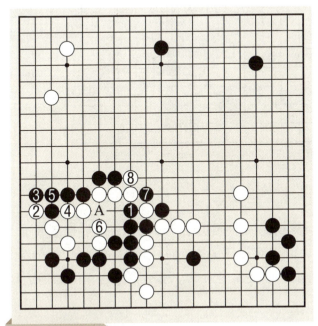

图4 白可出头

黑1打吃，藏着A位切断的野心，但白2、4先手利用后，白6补断点，其后黑7提白一子时，白8可向中腹出头。

问题 5 ▶▶

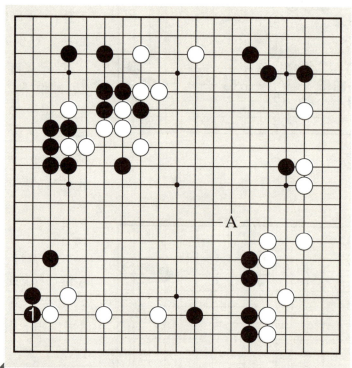

问题图　白先

棋局分析： 黑 1 爬后，黑棋的实地很明显。白棋如何才能控制局面？A 位无疑是大势上的要点。但白直接下 A 位飞并不见得能收到好效果，在此之前应先在右上黑角行棋，以便留有余味。那么请问白棋应如何达到目的？

图1 正解

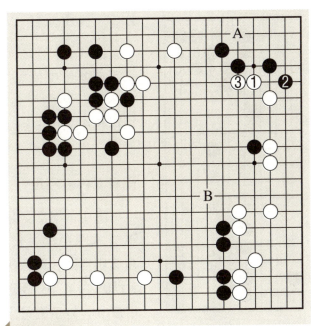

图1 正解

白1首先压缩黑角是具有强烈意图的好棋，黑2补也是最佳应手，白3长后，白棋产生了在A位渗透和占B位大势要点的两个好点。

图2 白棋活角

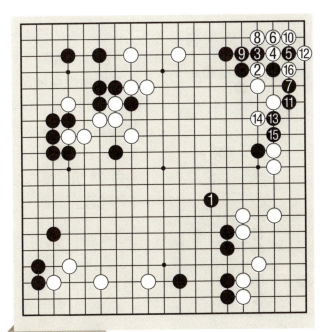

图2 白棋活角

图1中的黑2如果下成本图中的黑1抢占大势要点，则白2、4冲断，黑5打吃后黑7虎，白8打吃后白10拐，其后黑11长气，白12打吃后可以活角，黑13、15无奈，白16提黑一子，之后黑两块棋都不安定。

图3 先手便宜

图1的黑2如果下成本图中的黑1接，白2则先手尖，白棋已经先手占到了便宜。

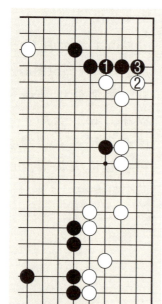

图3 先手便宜

图4 白棋满足

图1的黑2如果下成本图中黑1长，白2则点入，此后黑3挡，白4、6断可以成立，以下进行至白10，白棋得实地可满足。

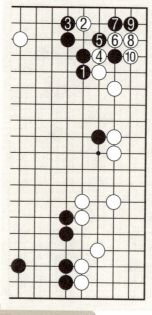

图4 白棋满足

图5 黑棋不满

图4中的黑3如果下成本图中的黑1接，白2则让黑棋很难受。此后黑3挡无理，白4断，以下至白14接，黑左右不能兼顾。

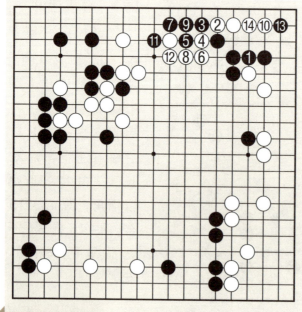

图5 黑棋不满

图6 白棋不满

图4中的白2如果下成本图中的白1虎，则黑2扳，白3后黑4飞，黑两块棋都得到了处理。白棋不满。

图7 失败

白1单跳太小。黑2飞，不仅可以侵消白势，而且还可以扩张下边黑势。

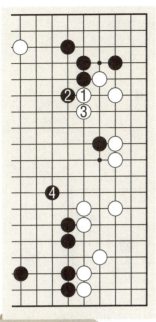

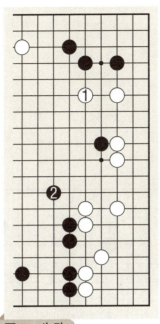

图6 白棋不满　　图7 失败

图8 黑棋的好点

白1飞，抢占大势要点，但黑2也是好点。此时1位与2位是双方的好点。

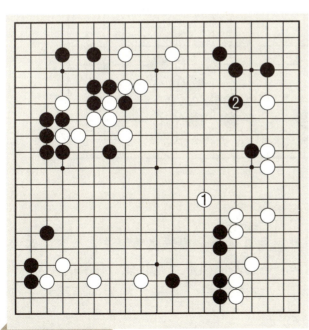

图8 黑棋的好点

问题 6 ▶▶

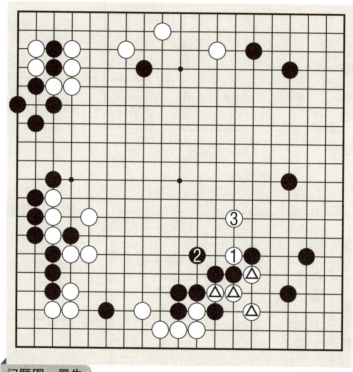

问题图　黑先

棋局分析： 白 1 断，其后白 3 单跳是很漂亮的下法，中腹的黑六子由于没有眼位，因而很薄弱。但白⊙的棋形也比较弱，黑有利用的余地。那么请问黑棋应如何作战，以攻击白 1、3 两子，并为中腹黑六子打开局面？

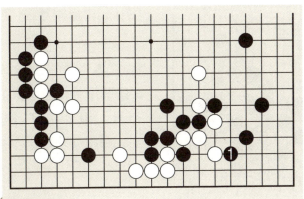

图1　正解

黑1尖顶是急所，也是正解。黑棋在即将被攻击的情况下下出此手，其目的是问白棋的应手。此后的变化请参见图2。

图1　正解

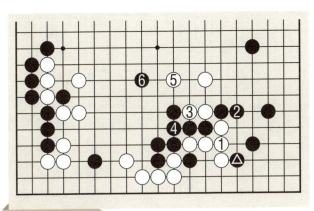

图2　黑棋有利

续图1，其后白1如果接，黑2则补棋，白3打吃后，白5整形，黑6则阻止白棋联络，并轻快地打开局面。黑△与白1交换，黑棋当然有利。

图2　黑棋有利

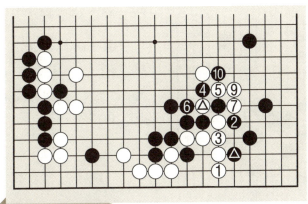

图3　黑棋的意图

黑△时，白1如果下立，黑2、黑4可以连续打吃，白5、7连续反打，黑6提后黑8接，白9接以避免双叫吃，黑10则断，以后的变化请参见图4。

图3　黑棋的意图　❽=△

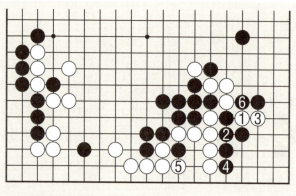

图4 白棋艰难

图4 白棋艰难

续图3,此后白1打吃再白3长时,黑4挡是先手,白5只好补棋,黑6断可以成立,白棋处境艰难。

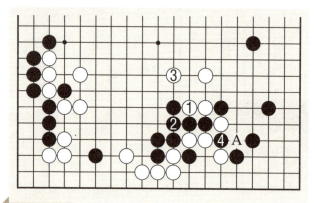

图5 变化

图5 变化

图2中的白1如果下成本图中的白1打吃后再白3整形,则无理,其原因很简单,即黑4扑犹如一把匕首插入了对方的心脏。白棋已无法在A位提,白棋不行。

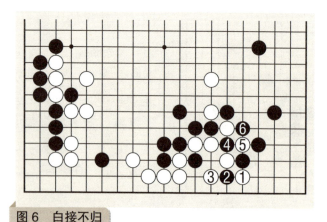

图6 白接不归

图6 白接不归

白1扳同样无理,黑2断是手筋,白3打吃时,黑4扑、6吃,白接不归。

图7 失败

黑1如果直接打吃，白2当然接。黑3打吃白一子，白4、6则反打，这里有一个劫，但由于黑棋劫材不足，只好黑7接。白8也接上，其后白可A位打吃或B位虎，白棋形好。

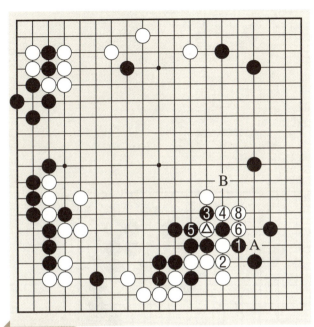

图7 失败　❼=△

图8 白棋形好

黑1长虽是普通的下法，但白2打吃后，白4整形，白棋并无不满。

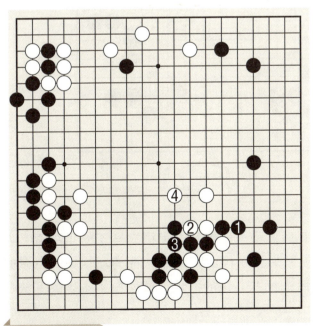

图8 白棋形好

问题 7

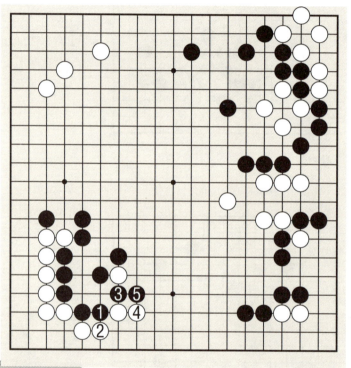

问题图　白先

棋局分析： 黑1、3、5后，黑棋形很厚。黑棋这样下的意图请参见图5和图6。黑棋由于未能预想到白棋的试应手，而有所松懈。白棋的目的是在此处先手利用之后去抢占上边的大场。请问白棋正确的下法是什么？

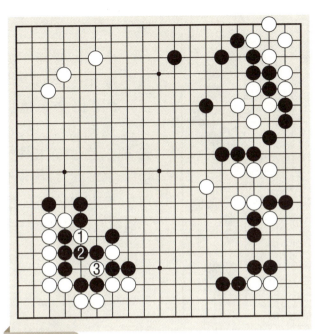

图1 正解

图1　正解

白1断后白3打吃，是精妙的试应手。黑棋由于未能预见到这一手段，因而颇感为难。后续变化请参见图3。

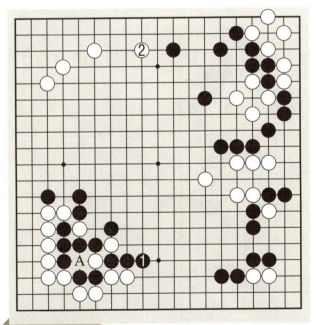

图2 黑棋不好

图2　黑棋不好

续图1，其后黑1如果长，白2则在上边拆，以后白棋还可A位先手提黑二子，黑棋不好。

图3 黑棋不行

图2中的黑1如果下成本图中的黑1提，白2仍在上边拆二，此后黑3、5、7无理，白8可反打，由于白△和◎白扑的作用，黑棋A位、B位不能兼顾，黑棋不行。

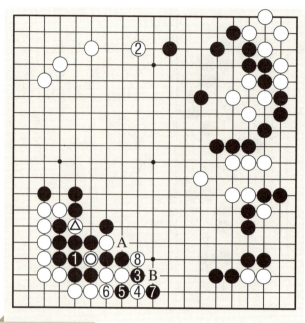

图3 黑棋不行

图4 变化

图1中的黑2如果下成本图中的黑1接，则白2、4冲断，由于A位松着一口气，白△子有利用价值，因而黑战斗不利。

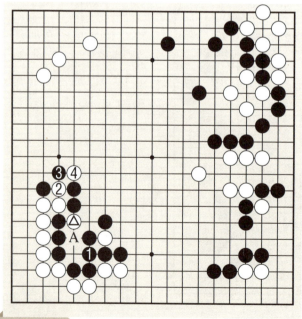

图4 变化

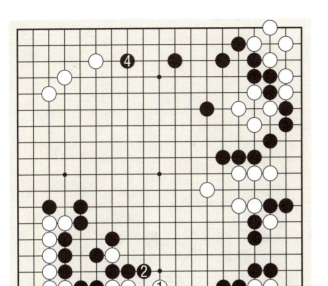

图5 黑棋的意图1

图5 黑棋的意图1

问题图中，黑棋希望白1、3补棋，黑4便如愿以偿地抢占上边大场。

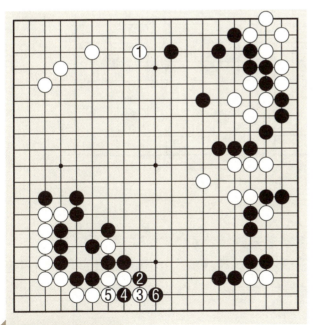

图6 黑棋的意图2

图6 黑棋的意图2

问题图中，白1如果抢占上边大场，黑2、4、6可以在下边围，这样下是黑棋优势。

问题 8

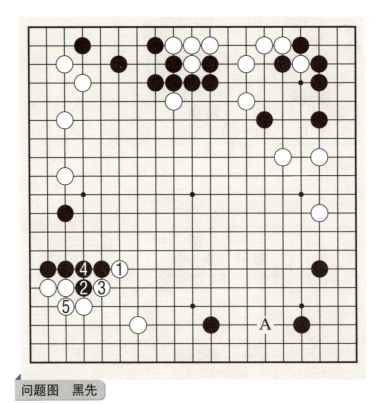

问题图　黑先

棋局分析： 白1靠的下法非常独特，引人注目。黑2、4虽是先手，但白1的意图却是通过攻击来扩张自己的势力范围，或者是争得先手后于A位打入。请问白棋到底是什么企图，黑棋又该如何应付？

图1 白棋的意图1

白棋的意图是希望黑1打吃，白2接，黑3打吃后黑5、7连长，白棋由此可以顺势围成左下角的实地。但黑棋或许有其他的下法。

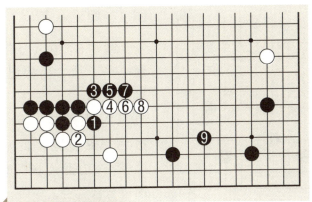

图1 白棋的意图1

图2 白棋的意图2

黑1扳也是白棋所希望的，白2接，黑3长，于是白4可以在下边打入。

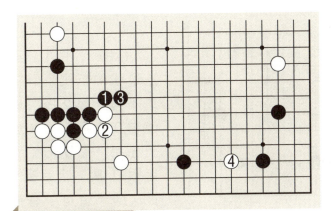

图2 白棋的意图2

图3 正解

黑1靠是白棋未曾预想到的试应手。图1中的断和图2中的扳是白棋所考虑的，现在黑1靠，多少有点打乱了白棋的步调。以后的变化请参见图4。

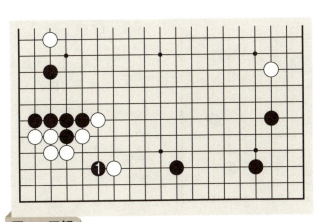

图3 正解

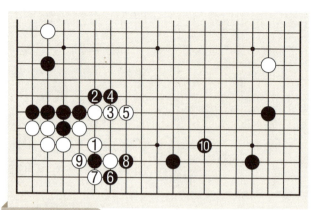

图4 愿望落空

图4 愿望落空

续图3，白1压制黑一子，黑2再扳出，其后黑4长，白3、5也只好跟着走，黑6扳后黑8打吃，此后黑10补边空，白棋的愿望全部落空。

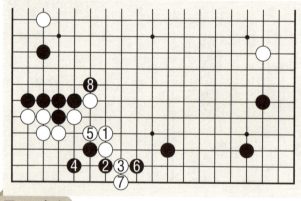

图5 余味

图5 余味

续图3，白1长虽是最强的抵抗，但味道不好。黑2扳，迫使白3应后，黑4虎是先手。黑6先手利用很舒服，然后黑8扳，结果白角中有很多余味。

图6 白棋不行

图4中的白7如果下成本图中的白1长，则黑2长是先手，白3挡，黑4打吃后黑6飞，白左侧四子处境危急。现在即使是九段高手来下，大概也无力回天。

图7 黑棋收获大

图4中的白1如果下成本图中的白1接，黑2扳就很好。结果白棋并不能对左边的黑六子形成攻击，而下边黑棋的收获却很大。

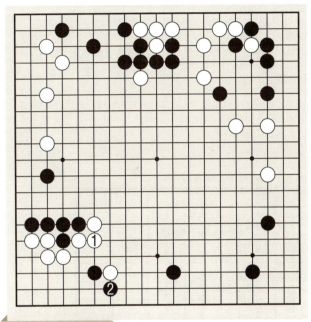

图7 黑棋收获大

图8 白棋崩溃

图4中的白1如果下成本图中的白1立下进行反击，黑棋会非常高兴地黑2打、黑4接。此后白5长时，黑6可以坦然地跳出，白棋形崩溃。

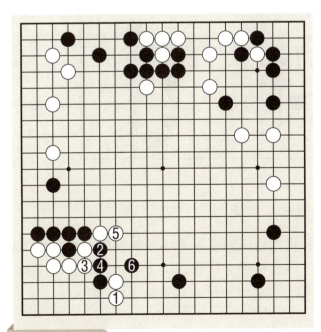

图8 白棋崩溃

问题 9 ▶

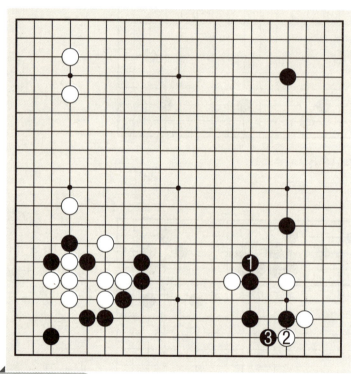

问题图　白先

棋局分析： 黑棋的大模样作战得到了淋漓尽致的发挥，黑1长，意在扩张下边。处于生死关头的白棋于2位扳，黑3则挡。白棋如何侵消黑下边是以后的问题，目前首要的问题是在右下角活棋。请问白棋如何有尊严地在右下角做活？

图1 正解

白1刺是高手们爱下的手筋，黑2接必然，此时白3是非常重要的一手棋，黑4被迫接，白5虎，瞄着黑棋的弱点，此后黑二路断吃一子已作用不大，这是白棋的自豪。

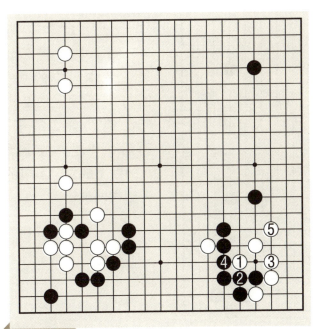

图1 正解

图2 白角地大

图1中的黑2如果下成本图中的黑1接，则白2断吃黑一子后，白棋的角地很大。

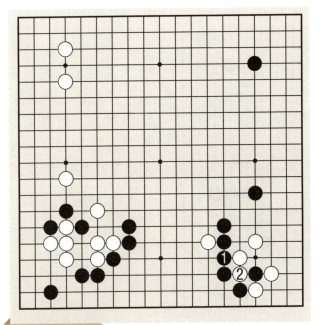

图2 白角地大

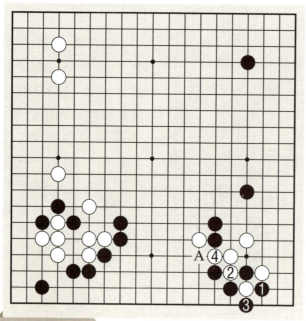

图3　黑棋无理

图1中的黑2如果下成本图中的黑1断打则无理。白2打吃，迫使黑3提子，而后白4冲。由于黑A的断不成立，黑棋的下边被冲破。

图3　黑棋无理

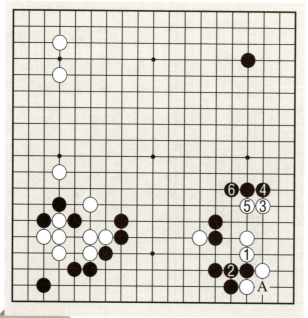

图4　失败

大部分初级棋手都会认为白1打吃是好棋，其后白3、5可以活得很大。但黑4、6挡后，黑棋的外势更强。而且黑棋以后还有A位先手断吃一子的手段，白棋不满。

图4　失败

问题 10

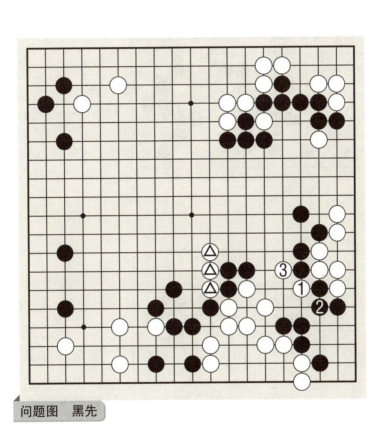

问题图　黑先

棋局分析： 白 1 断打后，白 3 扳是精妙的手筋，黑棋处于困境。白棋的实地处于优势，而且没有危棋，因此白棋充满了喜悦。而黑棋的右下角还生死未明，但黑棋只要能吃住白△三子，中腹就很大了。那么请问黑棋正确的下法是什么？

图1 正解

黑1扳是最佳的下法，这手棋非常出乎意外，黑棋只要计算准确就可能达到目的。后续变化请参见图2。

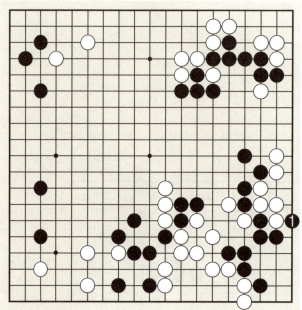

图1 正解

图2 意在中腹

续图1，黑△与白1交换，黑棋已占便宜。此后黑2曲，攻击白三子。白3打吃后，白5接，白棋反要攻击右边的黑五子。黑6断，确保右下角活棋。白7靠，黑8、10则先手利用，黑棋虽然牺牲五子，但以下至黑12，可以大围中腹。

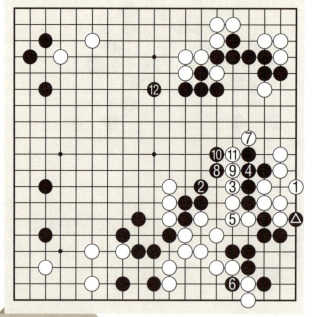

图2 意在中腹

图3 转换

图2中的白1如果下成本图中的白1挡则无理。以下至黑8与图2相同,但黑10、12、14可以冲出,白15吃住中腹黑五子时,黑16可吃住右边的白大块。

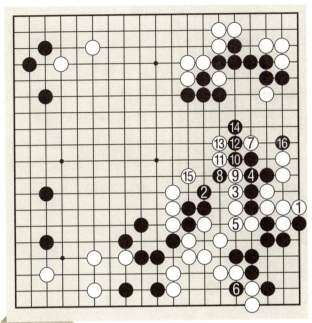

图3 转换

图4 黑角被杀

黑1如果挡,白2连扳是准备好的手筋,黑棋困惑。其后黑3、5连打,虽可大致吃住中腹的白子,但白6夹后,黑右下角被杀。

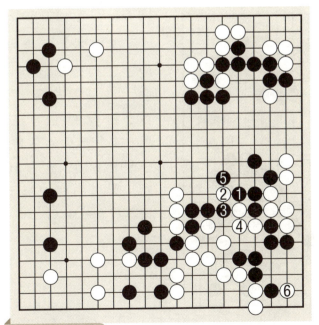

图4 黑角被杀

图5 白棋成功

黑1如果逃跑，白2打吃后，白4挖是手筋。以下进行至白8，黑已无法在4位接，否则左右两边必会有一边被吃。白棋的滚打大获成功。

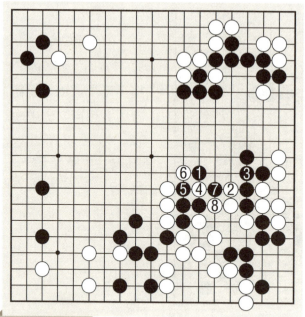

图5 白棋成功

图6 黑棋无理

黑棋不下A位试应手，而是直接黑1曲，这是黑棋无理。白2打吃后白4接，黑5必须照顾右下角。于是白6顶，至白10断，黑棋的两块棋不得不放弃一块。

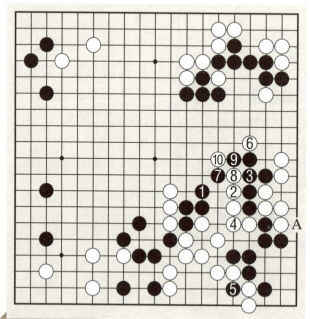

图6 黑棋无理

问题 11

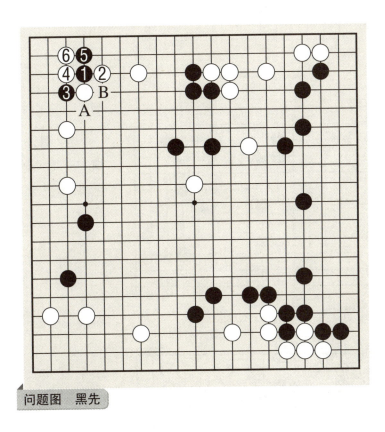

问题图　黑先

棋局分析： 黑1在左上角靠，再黑3扳，白4打后白6贴，强攻黑棋。若高手下棋，可能不会马上在A位或B位中做出决定，而会转向其他地方去试应手，看看白棋如何应对。请问黑棋应怎样下？

图1 正解

黑1是重视大势的下法，黑棋根据白棋的应法再决定是在A位或B位打吃。后续变化请参见图2。

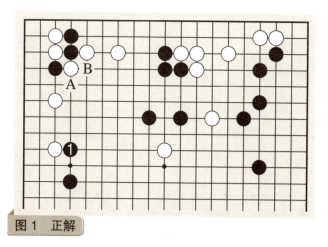

图1 正解

图2 黑棋充分

续图1，白1补棋，彻底吃住黑三子，则黑2虎整形，黑很充分。

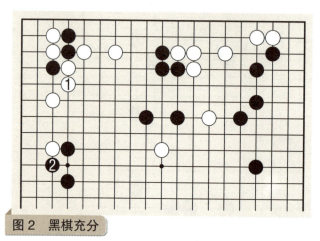

图2 黑棋充分

图3 先手利用

图2中的白1如果下成本图中的白1扳，则黑2扭断是手筋。白3打吃后，白5吃住黑一子。黑6则先手利用。然后转至黑8在左上角打，白9后，黑10、12先手利用，黑14再征吃住白一子。

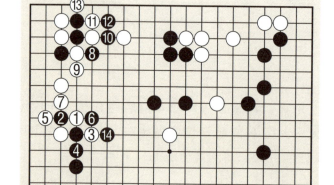

图3 先手利用

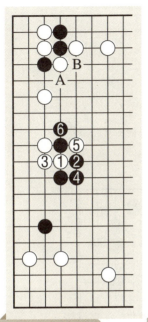

图4 黑棋可战

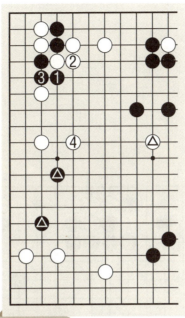

图5 失败

图4 黑棋可战

图2中的白1如果下成本图中的白1挖实施反击,则黑2打吃后,黑4接是好棋。白5如果打吃,黑6长,黑棋也充分可战。由于黑棋在A位或B位打吃的方向未定,使白棋很头疼。

图5 失败

黑1打吃后黑3接,黑棋三子并不会死,但白4单关是好点,由于黑▲二子比较弱,而白棋又有白△一子的支援,黑棋不好下。

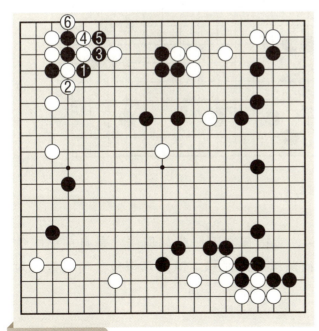

图6 黑棋不利

图6 黑棋不利

黑1打吃后,黑3、5先手利用,黑棋可围上边,但白左上角很大。与图3相比,黑棋不利。

问题 12 ▶

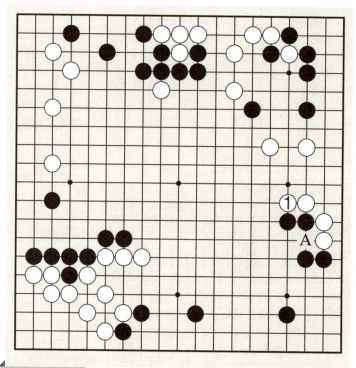

问题图　黑先

棋局分析： 白1贴时，黑棋在右下一带如何围空是目前面临的大问题，但A位的冲断又让黑棋有所顾忌。请问黑棋应如何有效地对付白1？

图1 正解

黑1是绝好的试应手，白棋不好应。后续变化请参见图2。

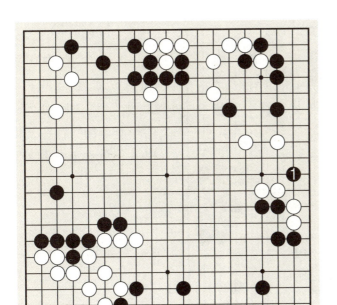

图1 正解

图2 白棋难受

续图1，白1如果接，则黑2长，接着黑棋有A位托和B位围空的好手，白棋难受。

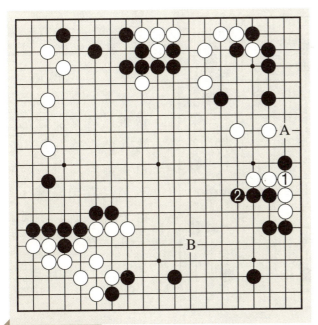

图2 白棋难受

图3 自然补断

图2中的白1如果下成本图中的白1尖顶，黑2则围空，由于有黑⚫的存在，黑棋A位的弱点已弥补。

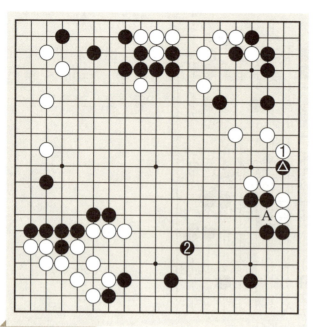

图3 自然补断

图4 失败

黑1单跳，其想法虽不错，但被白2尖冲后，黑棋右下一带被压缩了。此后为防A位冲断，黑3点，白4当然尖补。黑棋不满。原因是黑1与白2的交换，使黑棋受损。

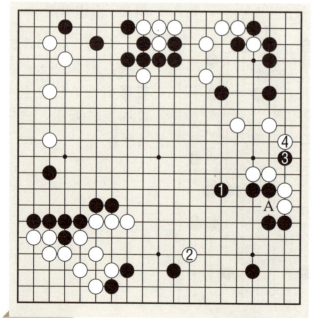

图4 失败

问题 13

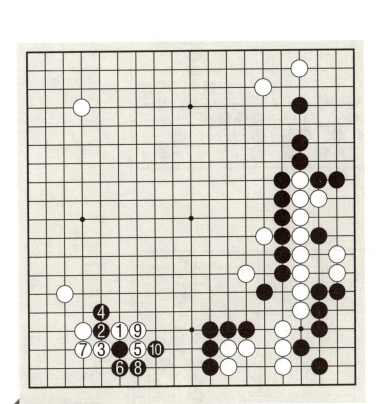

问题图　白先

棋局分析： 白1压，其目的是让下边的黑棋棋形重复。黑2挖进行反击，以下至黑10扳，均是可预想的进行。此时白棋应怎样下？

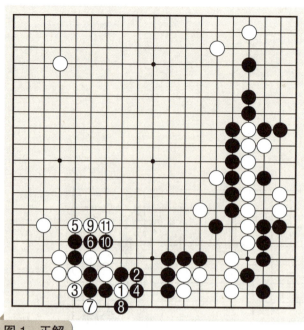

图1 正解

图1 正解

白1断是非常精彩的试应手,其后白棋可以根据黑棋的应法来决定下一手棋。黑2如果长,白3挡,先手利用很大,此后白5、7、9一路先手,至白11贴,白棋以三子的代价让黑棋棋形重复,白棋还构成了可观的外势。

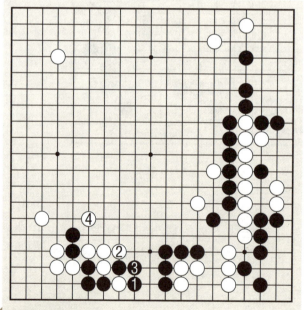

图2 白棋吃子

图2 白棋吃子

图1中的黑2如果下成本图中的黑1打吃,则白2先手利用后,白4封,白棋可以吃住黑二子。此后黑棋要在中腹围空将难上加难。

图3 失败

白1直接压，黑棋可以脱先而于2位跳，白3向中腹出头，黑4再跳，由于中腹黑势很强，白棋的作战负担很大。

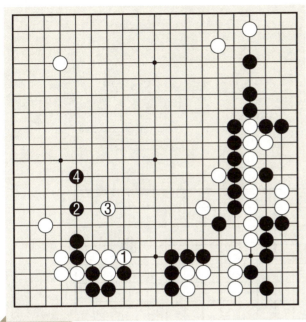

图3 失败

图4 白棋大损

白棋不经过图2中的交换，而是白1直接跳时，以下至白5扳，白棋无理。黑6至黑12的手段成立。白棋大损。

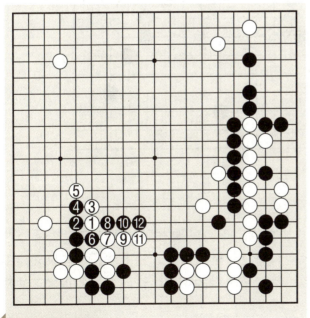

图4 白棋大损

问题 14

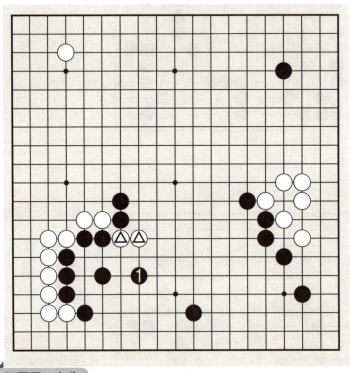

问题图　白先

棋局分析： 黑 1 跳，攻击白△二子，既要在下边围大空，若能吃住白△二子，又可在中腹围大空。面对黑棋咄咄逼人的下法，白棋只要能下出精彩的试应手，完全可以一举粉碎黑棋的企图。请问白棋的正确下法是什么？

图1 正解

白1断在棋形上的急所，是巧妙的下法。黑棋有点不知所措。后续变化请参见图2。

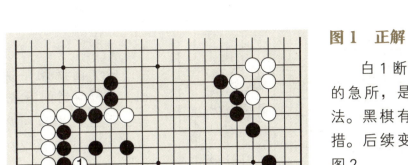

图1 正解

图2 手筋

此后黑1避免被双打吃，白2可先向中腹尖出。黑3立重视下边，白4挖是绝妙的手筋，黑5时，白6吃住黑二子。因此可以说黑3下立不能成立。

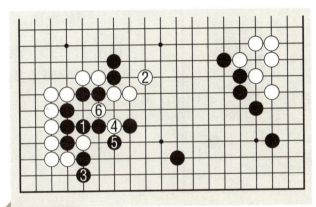

图2 手筋

图3 黑棋困难

图2中的黑5如果下成本图中的黑1打吃，则白2长。若黑3连，白4、6连打后，白8长，黑棋困难。

图3 黑棋困难　❼=④

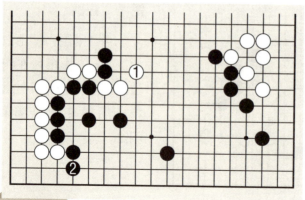

图4 失败

图4 失败

白1直接向中腹出头是最平常的下法,黑2下立,黑棋可以取实地,这与图2中黑不能在此下立相比,差别很大。此后的变化请参见图5。

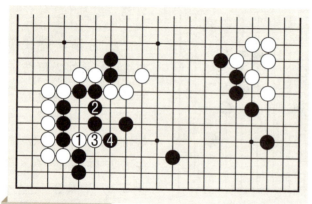

图5 次序的差别

图5 次序的差别

续图4,白1再断就不成立了。黑2接,其后白3冲,黑4虎,白棋什么棋也没有。

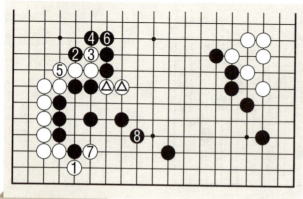

图6 黑可成大空

图6 黑可成大空

白1扳,黑2以下进行至黑6,黑棋在中腹很厚。以后白△二子活动很困难。白7打吃,进入下边。黑8补后,黑棋可在下边和中腹围成很大的空。

问题 15

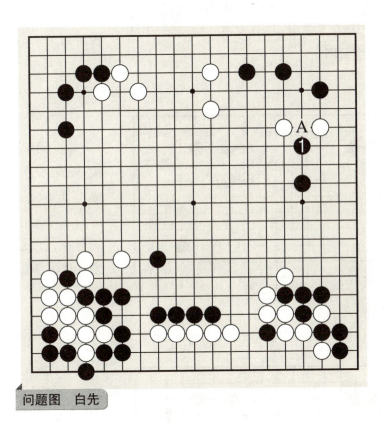

问题图　白先

棋局分析：黑1刺时，根据"逢刺必接"的围棋格言，不接好像不行。黑棋的用意是在白棋接后，对此白三子进行攻击，或借以解消黑右上角的薄味。而白棋也可以靠压缩右上角的黑棋来补A位断点。白在A位直接棒接对白棋不利，应研究是否有不接的下法。请问黑棋的计划是什么？白棋又应如何破坏黑棋的意图？

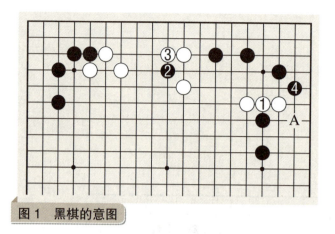

图1　黑棋的意图

白1如果接，黑2再问白棋的应手，白3如果挡，黑4是职业棋手喜欢的下法，不仅可以消除角上的余味，而且以后还有A位渡过的手段。

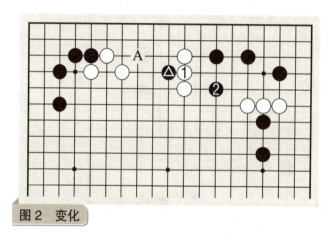

图2　变化

图1中的白3如果下成本图中的白1接，黑2可以跳起攻击白三子。由于有黑▲的存在，以后黑棋有A位渗透的手段。

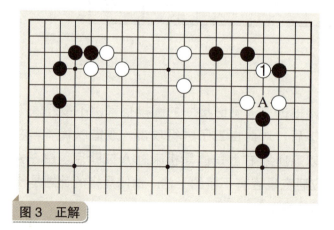

图3　正解

白1靠是巧妙的试应手。下棋时应学会不按对方的意图出着，如果总按对方的步调行棋则不可能取胜。

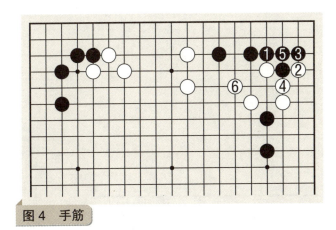

图4 手筋

续图3，黑1挡，白2夹是手筋，黑3被迫挡，白4先手打吃后，白6补棋。

图4 手筋

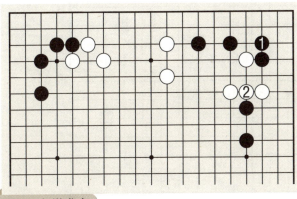

图5 白棋满意

图4中的黑1如果下成本图中的黑1退，白2接就很好。

图5 白棋满意

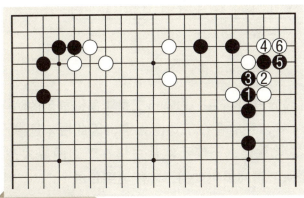

图6 白棋吃子

如黑1冲，则白2退后白4打吃、白6贴，黑二子反而被吃。

图6 白棋吃子

问题 16 ▶▶

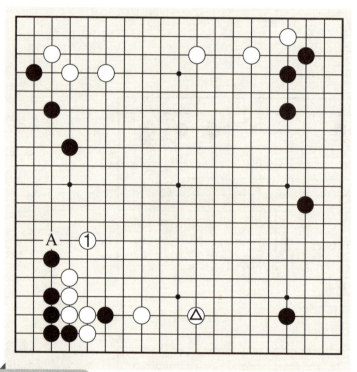

问题图　黑先

棋局分析： 左下角的星位定式进行后，白△拆二是李昌镐喜用的防守下法。现白1飞，瞄着A位靠，且准备在下边围大空，因此白1是棋形的要点。黑棋的下一步棋非常重要，不仅不能让白棋在下边围成大空，而且还要争取在左边下得坚实。请问黑棋如何下才能达到目的？

图1 正解

黑1跳是巧妙的下法,白棋不好应。根据白棋的应法,图2至图6显示了黑棋的对策。

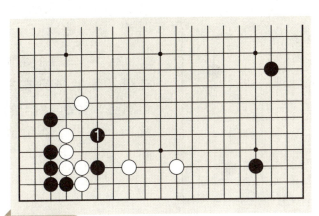

图1 正解

图2 黑棋出头

续图1,白1试图封锁,则黑2冲,迫使白3挡后,黑4靠出,黑二子并不那么轻易就能被吃住,而白棋还有A位的负担。

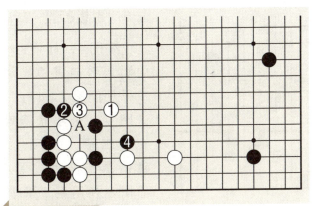

图2 黑棋出头

图3 白棋恶手

续图1,如白1连,摆出一定要吃住黑▲二子的架势,但黑2顺势补后,白1变成恶手。白3封锁,黑4尖冲,黑棋好像在攻击白棋。

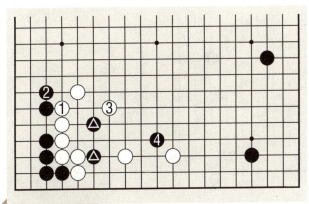

图3 白棋恶手

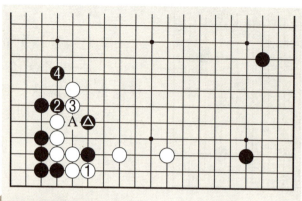

图4 黑左边成空

图4 黑左边成空

续图1，白1如果补棋，黑2、4则在左边围空。黑▲与白1的交换，生出了A位的断点。

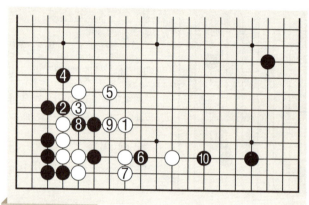

图5 黑棋舒服

图5 黑棋舒服

续图1，如果白1单跳，希望黑棋出动二子。但黑2、4在左边围空，毫不犹豫地弃去二子。以后白5封锁黑二子时，黑6与黑8利用后，黑10拆边，黑棋很舒服。

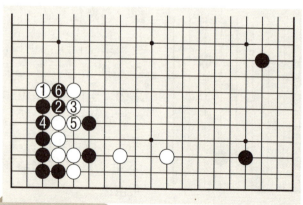

图6 黑棋的反击

图6 黑棋的反击

续图1，如果白1靠，黑2、4是强有力的反击手段，白5只好接，黑6长后，白1一子已落入黑手。

图7 失败

黑1直接拆边，白2靠是先手，这虽是普通下法，但黑棋的结果不及图1。

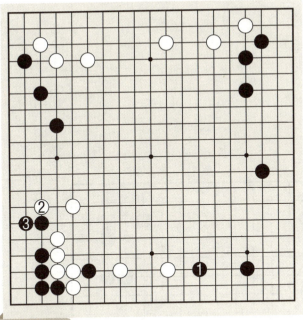

图7 失败

图8 黑棋不满

黑1在左边补棋，白2挂角，白△与黑1的交换，白棋便宜了，因此黑棋不满。

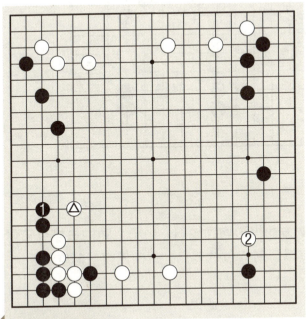

图8 黑棋不满

问题 17

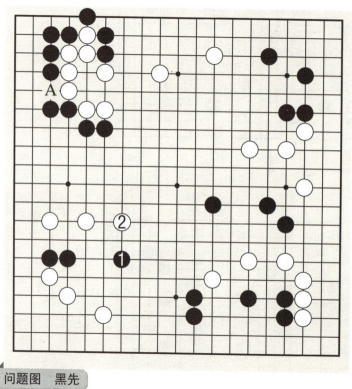

问题图　黑先

棋局分析： 中腹黑白双方的棋形均比较弱。由于上边的白棋也较弱，黑棋欲通过攻击上边的白棋以解消 A 位的弱点。请问黑棋应怎样下？

图1 正解

黑1断是棋形的急所，问白棋如何接。黑1明显早晚会被提掉，故初级棋手很难下出来，但这种行棋的思路是非常有用且能有效提高棋艺的，值得学习。

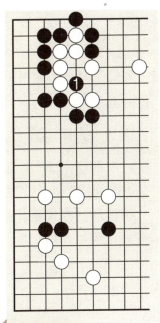

图1 正解

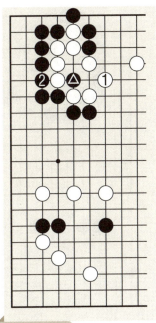

图2 变化

图2 变化

续图1，白1是本手，此后黑2如果打吃，白棋可以脱先。白1是最佳下法，但这也只是针对白棋其他可能的应手而言的，实际上，凭黑△一手，黑棋已占优。

图3 白棋危急

图2中的白1如果下成本图中的白1打，黑2先手利用后，黑4点是好棋。白5试图联络，黑6、8挖接，由于白棋A位征子不成立，白棋形势危急。

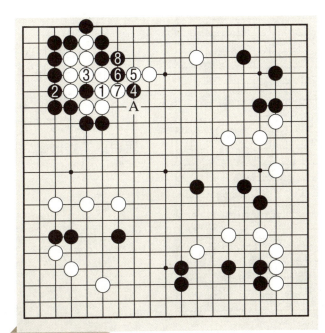

图3 白棋危急

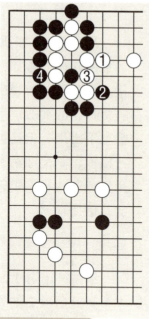

图4 白棋不好

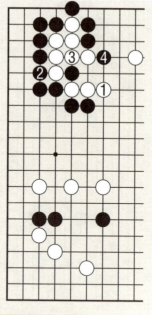

图5 大同小异

图4 白棋不好

白1如长,黑2打吃之后,黑4再打,白棋形不好。

图5 大同小异

白1长,黑2、4连续打吃之后,白棋棋形同样太差,结果与图4大同小异。

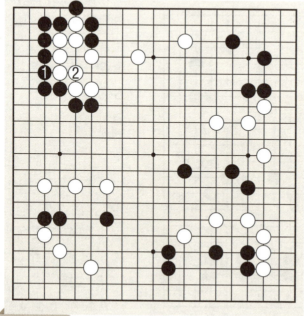

图6 失败

图6 失败

如果黑1直接连,白2是好棋,黑棋已无任何利用可言。黑错失了时机,让白成了好形。

问题 18 ▶▶

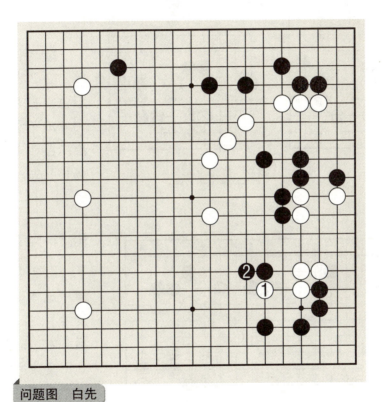

问题图　白先

棋局分析： 右边的白棋必须寻找出路。白1靠，试图出头，黑2长继续攻击，此时白棋如何下才能打开局面？

图1 正解

白1是巧妙的下法，如经常能下出这样的棋，就可充分领略围棋的快乐。后续变化请参见图2。

图2 白棋出头

续图1，黑1接，白2靠是巧妙的下法。此后黑3尖，白4先手利用，白6虎、白8飞，白棋可扬长而去。

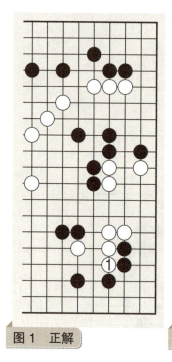

图1 正解

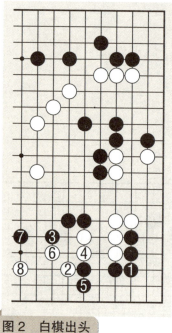

图2 白棋出头

图3 弃子反攻

图2中的黑3如果下成本图中的黑1反冲，白2、4出头后，右边黑大龙反而处于受攻的境地。白棋牺牲了白△一子，白2、4可以自然地出头，这是初级棋手应该学习的行棋步调。

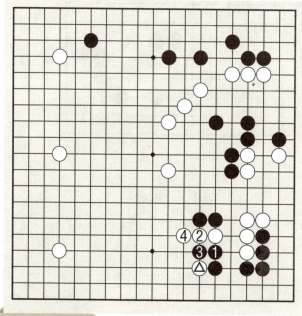

图3 弃子反攻

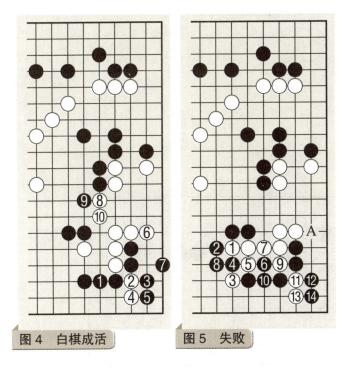

图4 白棋成活

如黑1接,则白2断,白4多送一子,黑5时,白6下立是先手,白8、10后已成活形。

图5 失败

白1冲、3搭是俗手,黑4挖后,白5打不成立。黑6先手利用,黑8接,白9打吃后,白11如果断,则黑12打、14贴,黑棋没事。白A是先手,白棋虽可在右边做活,但黑棋将下边走厚,黑完全可以满足。

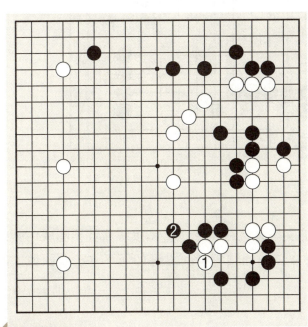

图6 愚形

白1弯,则成了空三角的愚形。黑2虎补后,白棋很重。

问题 19

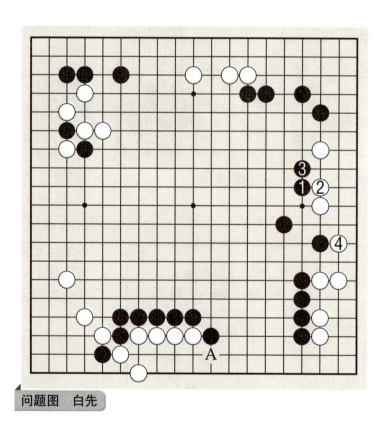

问题图　白先

棋局分析： 黑 1、3 扩展势力，白 4 托过，黑棋眼看就要围成中腹的大空。但黑棋应首先解决 A 位的问题，请问黑棋如何下才能收获最大的利益？

图1 正解

黑1问应手，这手棋对黑围中腹很有帮助。后续变化请参见图2。

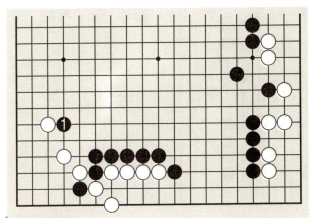

图1 正解

图2 先手利用

续图1，其后白1退，黑2下立是先手，黑4得以围中腹。

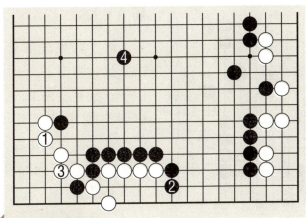

图2 先手利用

图3 抢占好点

白1如顶，黑2扳，可以进行利用。其后黑4先手下立，黑6围中腹，黑棋抢占了所有的好点。

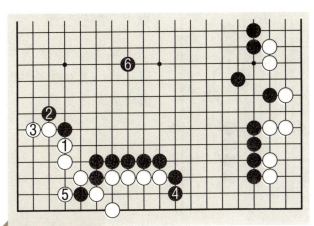

图3 抢占好点

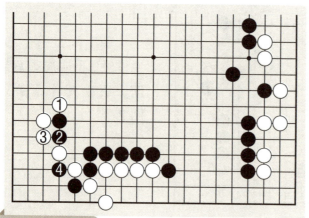

图4 征子有利

图4 征子有利

白1如扳,黑2先手顶后,黑4打吃。黑征子成立。

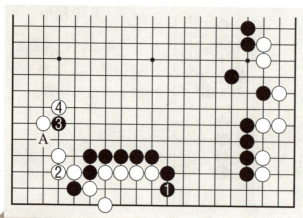

图5 失败

图5 失败

黑1如果先下立,白2后,黑3再靠时,由于已经有了白2,白棋没有必要采用图2中的退,而可采用白4的扳,由此可见行棋次序的重要。

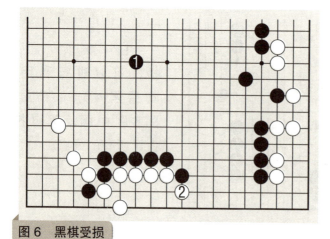

图6 黑棋受损

图6 黑棋受损

黑1如直接围中腹,则白2扳很大,黑棋的实地受损。

问题 20

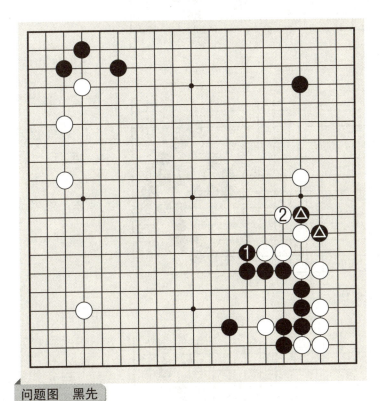

问题图　黑先

棋局分析： 黑1拐时，白2虎补。黑▲二子已处于困境，因而黑1有帮对方走棋的感觉。那么黑1与白2交换的意图是什么？黑棋又应如何下才能一举得手？

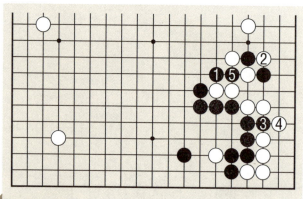

图1 正解

图1 正解

黑1扳是很精妙的下法。白2如果打吃。黑3先手冲后，黑5打吃，白棋立即陷入困境。

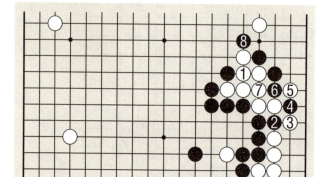

图2 黑棋成功

图2 黑棋成功

白1接则过重。黑2、4、6一路先手，黑8可以突破，白子过于壅塞，黑棋成功。

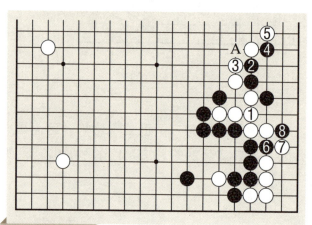

图3 白棋不行

图3 白棋不行

白1如接，则黑2顶后黑4扳，此时白5扳无理。由于黑A断打是先手，黑6、8冲断后，白棋已无应手。

图4 黑棋出逃

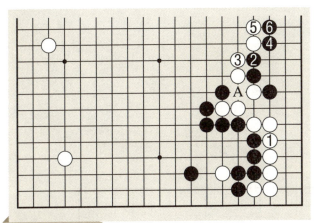

白1如接，则黑2顶、4扳时，白5即使长，黑6继续长后，由于有A位的负担，白棋也无法发力。

图5 失败

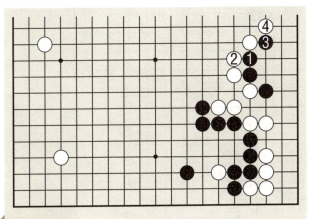

黑1顶、3扳是典型的俗手。其后白4连扳，黑棋即使活出，也活得很小。

图6 俗手

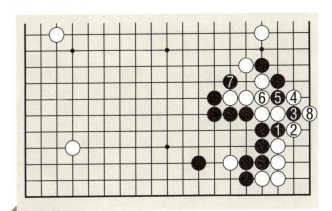

黑1以下至黑7是初学者爱用的典型俗手，白8提黑一子后，黑不会有好结果。

问题 21

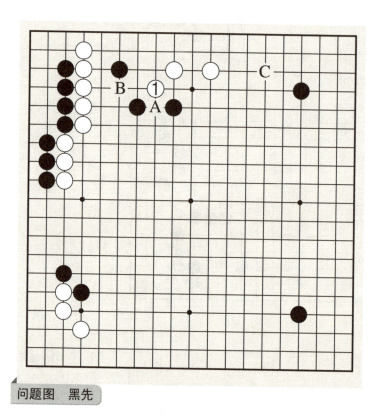

问题图　黑先

棋局分析： 白1尖，瞄着A位或B位的断。白棋在C位拆二，虽可保证上边二子安定，但如何利用左边的厚势是白棋面临的最重要的问题。白1尖时，黑棋不论在什么地方连接，白棋都可以在另一处断。往往在这种时候，黑棋转向他处行棋反而会有更好的效果。请问黑棋正确的下法是什么？

图1　正解

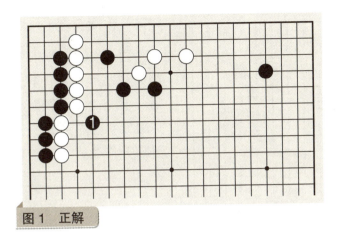

图1　正解

黑1刺是正确下法。黑棋暂且置上方于不顾，而去问白棋的应手后再做决定，这是高手的下法。后续变化请参见图2。

图2　弃子

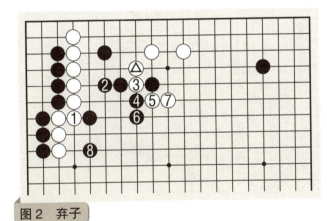

图2　弃子

续图1，白1接，黑2也联络。白3冲后白5断，黑棋毫不犹豫地弃去一子。黑6迫使白7补棋，黑8再以轻快的跳整形。白左边大龙威力全失。

图3　白棋困难

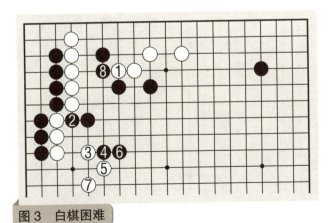

图3　白棋困难

白1冲，则黑2断很严厉。白3逃跑，黑4靠很好。白5扳，其后白7虎补断点。黑8联络后，白棋反而困难。

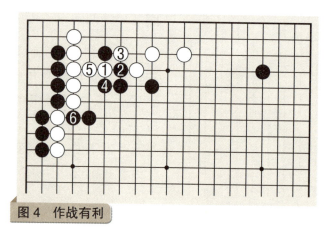

图 4　作战有利

　　白 1 如吃黑一子则太小。黑 2 冲、4 打后，黑 6 断，黑棋可以紧紧抓住左边的白三子展开作战。

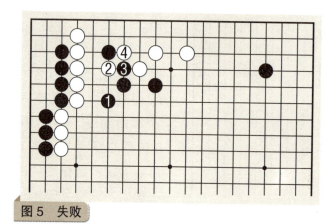

图 5　失败

　　黑 1 尖虽是正常的下法，但白 2、4 搭断，黑中腹数子仍无根，黑棋只能外逃。由此可见孰优孰劣。

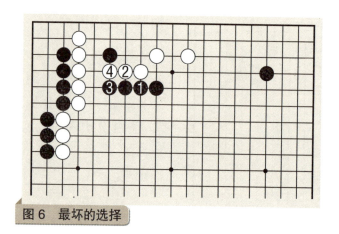

图 6　最坏的选择

　　黑 1 接也是过重的下法。白 2 冲后，白棋的实地很大，而且使黑四子下重。这是黑棋最坏的选择。

问题 22

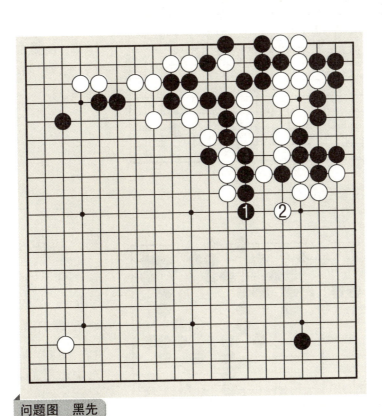

问题图　黑先

棋局分析： 上边的大块黑棋有危险。为攻击右上的白棋，黑 1 出头，白 2 补棋，黑棋目前必须考虑上边大块黑棋的安危。虽不能吃住右上的白棋，但可以利用对方的弱点最大限度地获取利益。请问黑棋的下一手棋应如何下？

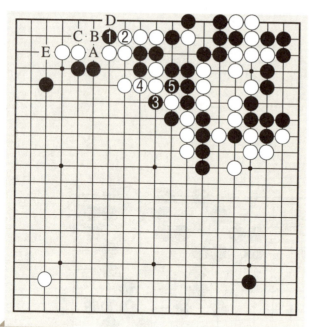

图1 正解

图1 正解

黑1靠是非常漂亮的试应手。大家可以充分地体味一下这一下法的巧妙之处，并研究白2以下至黑5的进行。白2只有接，黑3、5提白一子，以后黑棋有A～E的利用。

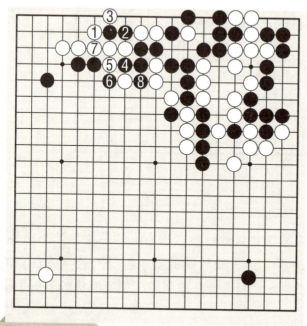

图2 白棋无理

图2 白棋无理

图1中的白2如果下成本图中的白1则无理。黑2断，白3只好打吃。黑4、6先手，然后黑8冲出，白棋不好。

图3 失败

黑1是初学者最容易考虑到的下法。白2接后，白4再贴住，结果黑5、7的冲断并不能给白棋以损害，原因是A位是白棋的权利。

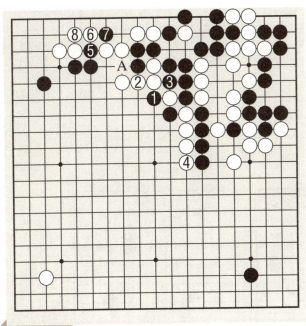

图3 失败

图4 白棋有利

黑1长，白2则贴住，其后黑3与白4交换，白棋大为有利。

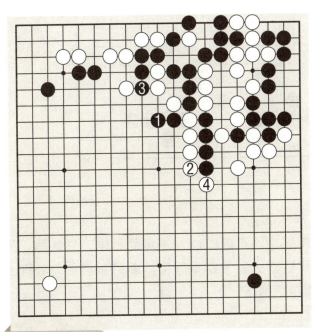

图4 白棋有利

问题 23

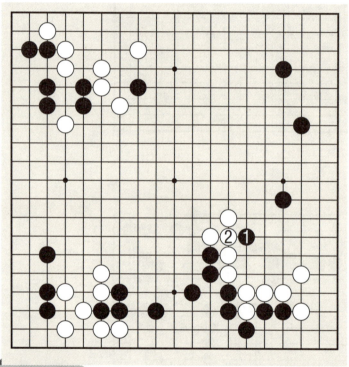

问题图　黑先

棋局分析： 即使顶级棋手也不可能吃住右下角的白棋，只能黑 1 先手利用，迫白 2 接。这时黑白双方都下得很厚实。此时黑棋如何处理上边是问题的关键。请问黑棋应怎样下？

图1 正解

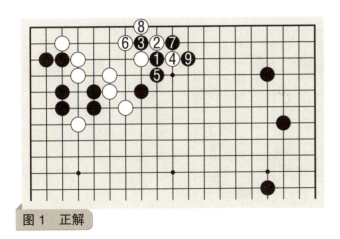

图1 正解

黑1靠、3断是职业棋手常用的手筋。白4后白6、8打拔一子,黑9得以征吃白一子,而作为白棋也会构思引征的作战方针。

黑3断后,根据白棋的不同应法,黑棋在上边的下法也不同。

图2 变化

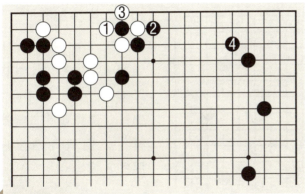

图2 变化

图1中的白4如果下成本图中的白1直接打吃一子,则黑2利用后,黑4补角。其后即使高手,也很难在右上渗透。

图3 白棋无理

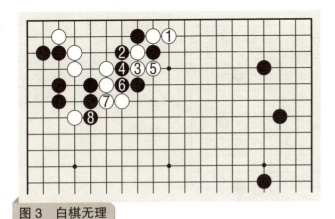

图3 白棋无理

白1如长,在目前形势下是无理棋。黑2、4、6把上边整体连出后,再黑8出头,黑好。

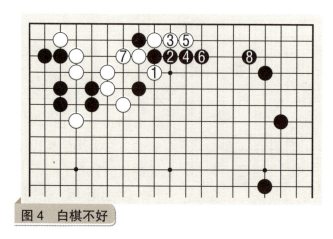

图4 白棋不好

图4 白棋不好

白1如打吃,接着白3、5爬,黑6后白7必须补棋,黑8则补角,白棋非常不好。

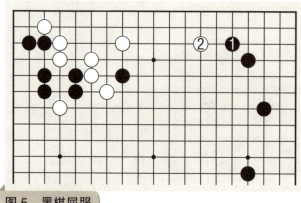

图5 黑棋屈服

图5 黑棋屈服

黑1直接在右上角补棋不好,白棋以厚势为后盾,可白2逼住。黑棋虽可选择这样下,但有向白棋屈服的味道。

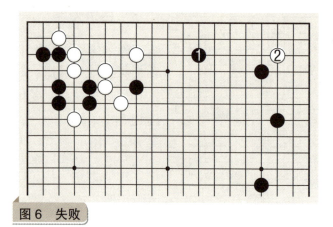

图6 失败

图6 失败

黑1大拆,白2则果断地点三三进角,黑棋有实地不够的感觉。

问题 24 ▶▶

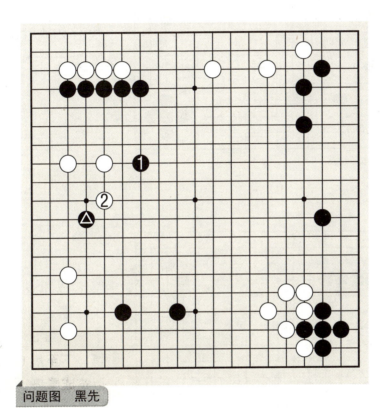

问题图　黑先

棋局分析： 黑1镇攻击白棋时，白2出逃。从棋形上看，黑▲不过孤零零一子，而黑棋正欲利用黑▲子来攻击左边的白三子。请问黑棋正确的下法是什么？

图1 正解

黑1靠是唯一正确的下法。白2如果退，黑3跳是攻击的节奏。白4若扳，黑5挡，可自然联络。此后左边的白三子要想做活必须付出艰辛的努力。

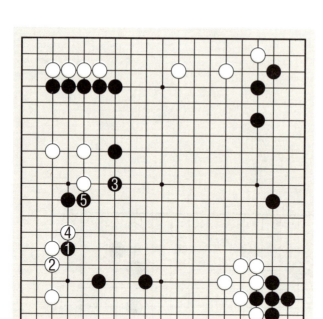

图1 正解

图2 黑棋厚势

图1中的白2如果下成本图中的白1长，黑2扳是很好的下法。白3、5必须补棋，下至黑6，黑棋可以筑成厚势。

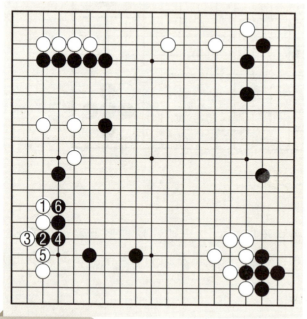

图2 黑棋厚势

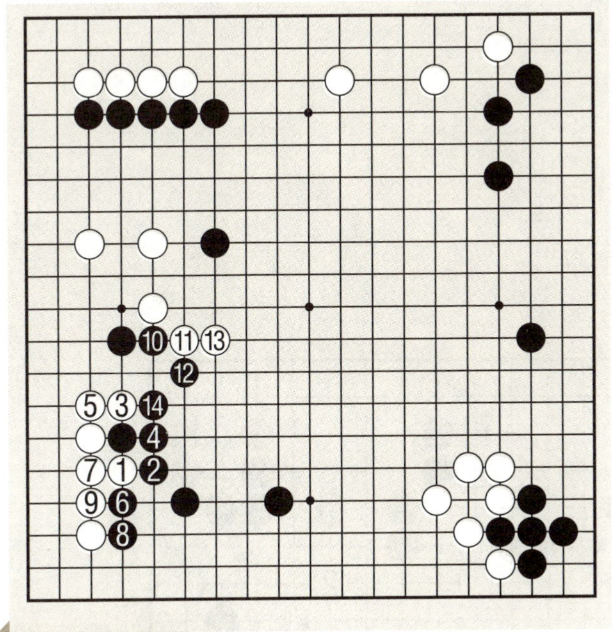

图 3 黑棋成功

白 1 如扳，黑 2 可以反扳。白棋由于自身存在弱点，只好白 3 打吃、白 5 接。此后黑 6 打吃，黑 8 挡捞取便宜，再黑 10、12 阻止白棋的联络，黑 14 补断。白中间一块还是浮棋，黑棋的攻击取得了成功。本图中的攻击是刘昌赫九段在国际大赛中下出的。

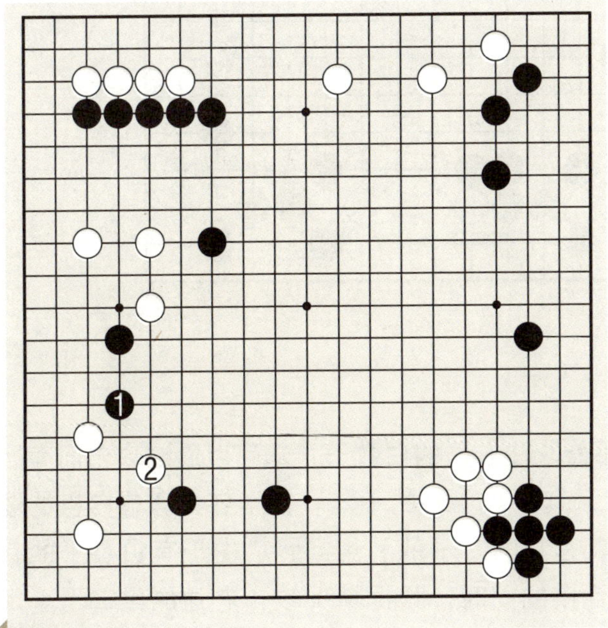

图 3 黑棋成功

图 4 失败

黑 1 如果单跳，白 2 可以分割黑棋并摆脱黑棋的攻击。由于左边的黑二子比较弱，故白三子所受的攻击不会那么严厉。

图 4 失败

问题 25

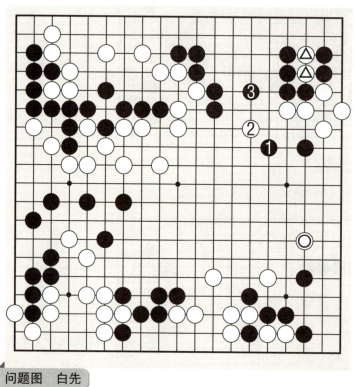

问题图　白先

棋局分析： 黑棋虽然不能吃住右边的白数子，却可以通过攻击而有所收获。正因为此，黑1、3采取了攻击性的下法。初学者会考虑白棋的联络问题，而高手们考虑的却是白△二子的利用问题。由于有白◎子的存在，白棋可以在确保右边活棋的同时，根据情况攻击右边的黑二子。那么请问白棋的第一手棋应下在什么地方？

图1 正解

白1挖是锐利的下法。黑2退,白3刺后白5、7渡过。白棋这样下,就不用再顾虑死活问题。

图2 白棋有利

图1中的黑2如果下成本图中的黑1打吃,则白2、4继续问黑棋的应手,又是好棋。其后黑5如果挡,白6接即可。黑棋弱点多,而白棋已补好,白棋有利。

图3 白棋官子便宜

图2中的黑5如果下成本图中的黑1补,白2、4则渡过。其后由于白棋有A位的大官子,因而白棋便宜。

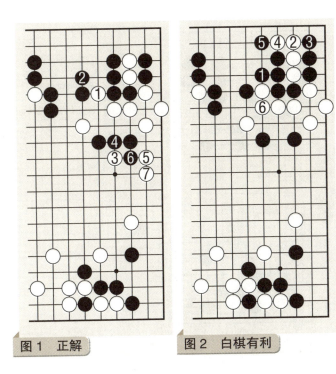

图1 正解

图2 白棋有利

图3 白棋官子便宜

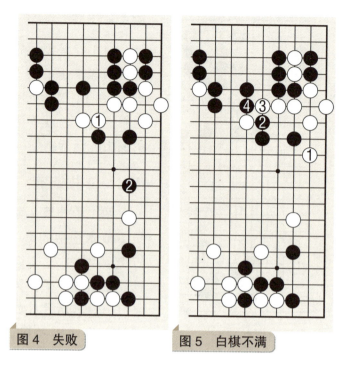

图 4　失败

图 5　白棋不满

图 4　失败

白 1 联络是最容易想到的，但黑 2 拆后，黑棋在右边有攻击白棋的机会。

图 5　白棋不满

白 1 急于跳出，黑 2、4 切断后，黑棋很厚，白棋不满。

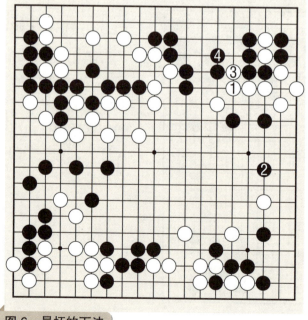

图 6　最坏的下法

图 6　最坏的下法

白 1 是最坏的下法。黑 2 拆边，白 3 冲，黑 4 退，黑棋安全无事，白棋未能给黑棋施加任何压力。此结果甚至不如图 4。

问题 26 ▶▶

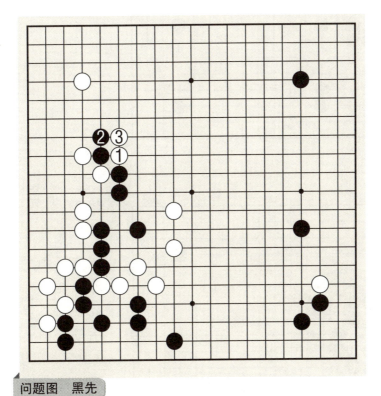

问题图 黑先

棋局分析： 白1打吃，黑2长，白3强硬地贴，黑二子有可能被征吃，并且有可能殃及中腹的黑六子，看来黑棋不弃子不行了。但是黑棋只要下出巧妙的次序，不仅可以压缩左边的白棋，而且可以使中腹的黑六子逃脱，还能使黑二子仍有活动的余味。请问黑棋的妙手在什么地方？

图1 正解

黑1先冲是巧妙的下法，黑棋的这手棋犹如黑夜中的明灯，为黑棋指明了方向。

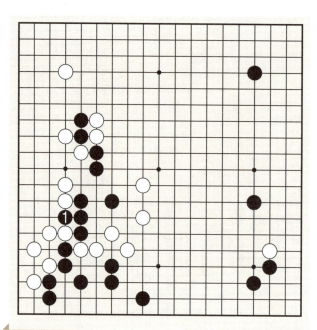

图1 正解

图2 连续的妙手

续图1，白1下成空三角的棋形，接着黑4打吃，黑棋已经便宜。黑6搭又是手筋，白7接时，黑8立下，黑棋利用弃二子，给白棋制造了许多麻烦。白9切断时，黑10先手利用，其后黑12挡，在左边得利后，再黑14出头。白15围时，黑16靠活动三子，黑棋形相当富

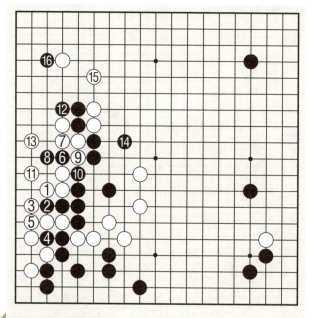

图2 连续的妙手

有弹性。黑棋的一连串妙手，简直让白棋无法喘息。

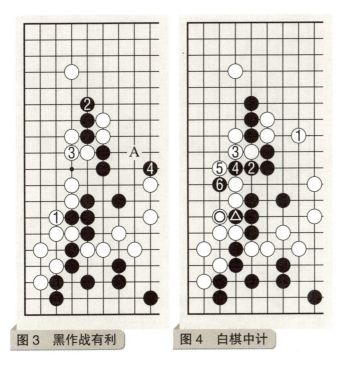

图3 黑作战有利

图4 白棋中计

图3 黑作战有利

图2中的白1如果下成本图中的白1挡，黑2长可以成立。此时白3只好接上，黑棋由于下A位是先手，所以可以黑4强靠，黑棋作战有利。

图4 白棋中计

图3中的白3如果下成本图中的白1封锁黑棋，则黑2、4冲后，黑6切断，白棋反而中计。由于黑▲与白◎的事先交换，才产生了至黑6的手段。

图5 失败

图5 失败

黑1单长，被白2封锁后，黑棋难受。黑3、5、7冲断后，黑9长时，白10可挡，白棋没有任何危险。

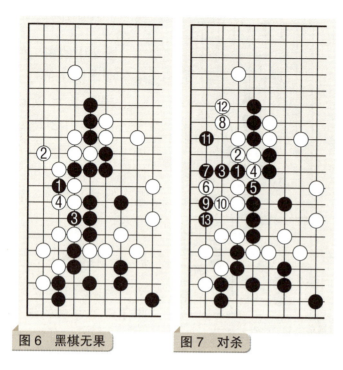

图6 黑棋无果　　图7 对杀

图6 黑棋无果

图5中的黑7如果下成本图中的黑1断，白2可以虎，黑3冲时，白4拐吃，黑棋计穷。

图7 对杀

图5中的黑3如果下成本图中的黑1搭，则至黑5后，白6跳补，黑7挡时，白8是唯一的应手，黑9夹，白10联络，黑11跳长气，白12应，黑13长，双方展开了对杀。

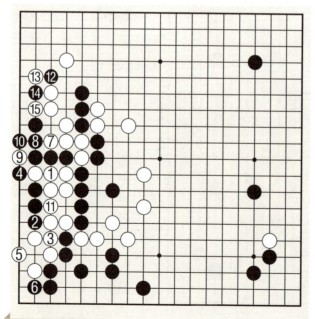

图8 黑不成立

图8 黑不成立

续图7，白5做眼长气是重要的一手，白11时，黑12、14可做劫，但白棋是先手劫，黑棋缺少劫材。本图内容虽复杂，但可以说明图5中的黑1不成立。

问题 27

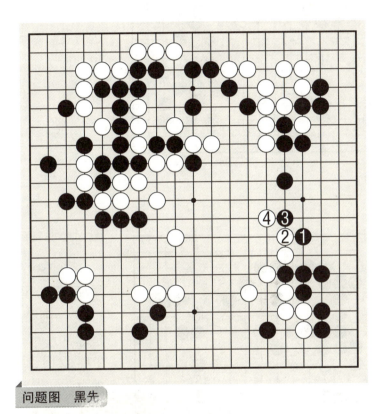

问题图　黑先

棋局分析： 黑1、3在右边防守，白棋为保护中腹而白4扳，此时黑棋应设法压缩白空。但黑1、3的棋形有点薄，请问黑棋如何才能消除薄味？

图1 正解

黑1先断是正确下法。白2打吃，黑3连上，白4抢占大场，黑5先手便宜，其后黑7向中腹渗透，白8只好忍耐。由于黑1的存在，白8不能在A位冲断。

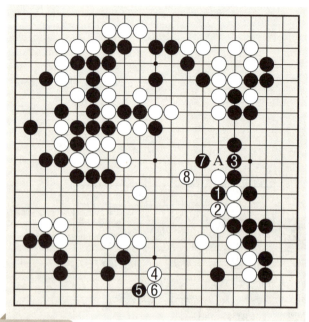

图1 正解

图2 变化

图1中的白2如果下成本图中的白1打吃，则黑2飞，这是非常大的一手棋。白3打吃时，黑4连上即可。

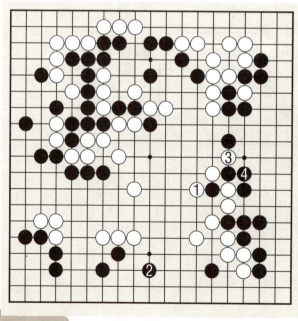

图2 变化

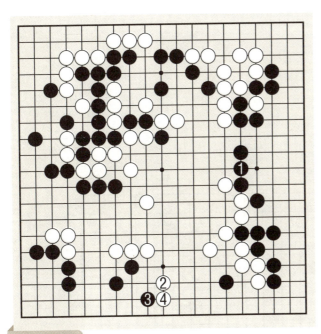

图 3　失败

初级棋手很可能会考虑黑 1 的下法。白 2 占据大场后，黑棋不好。其后黑 3 企图渗透，白 4 挡，保护下边的领土。以下变化请参见图 4。

图 3　失败

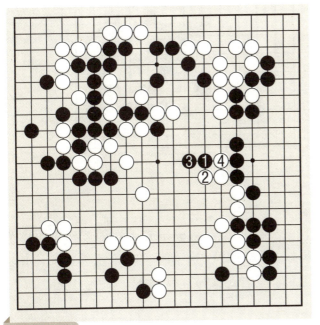

图 4　差别

续图 3，黑 1 跳入，白 2 挡，接下来黑 3 长无理，因白 4 可冲断。图 1 和本图相比较，在目数上有差别。

图 4　差别

问题 28

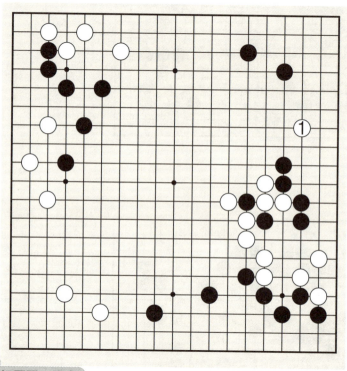

问题图　黑先

棋局分析： 白1打入，并伺机攻击右边的黑数子，因此白1不仅有打入的含义，而且还有攻击右边黑棋的意图。黑棋当然想护住右上角并攻击白1一子，请问黑棋如何下才能达到目的？

图1 正解

黑1是很精彩的下法，白2提黑一子。通常情况下，让白2提黑子，黑棋不会是好棋，但现在情况不同。黑3守角并攻击白△子，由于有黑1的存在，白棋在A位封的手段不存在了。

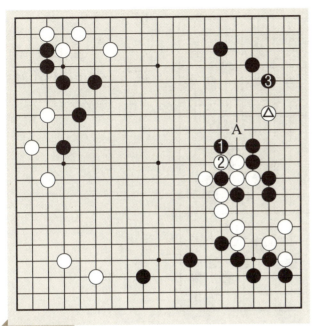

图1 正解

图2 变化

图1中的白2如果下成本图中的白1冲，则黑2挡、4虎，黑棋形漂亮，而白△一子却受到压迫。

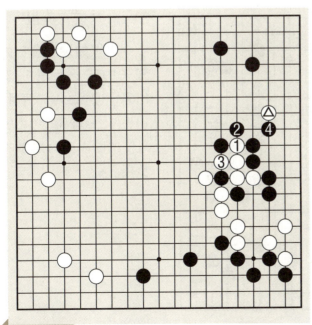

图2 变化

图3 失败

黑1直接补角，被白2封，黑棋不好。

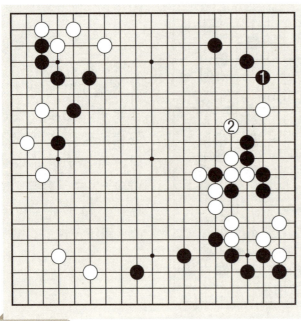

图3 失败

图4 黑棋有负担

黑棋如果考虑右边五子的安危而黑1、3出头，则白4先手利用后，白6靠，以后A位的断点成为黑棋的负担。

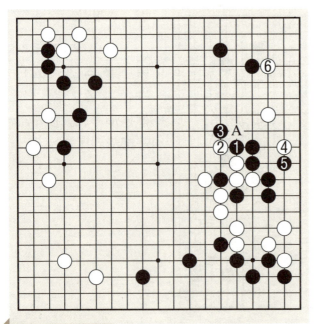

图4 黑棋有负担

问题29

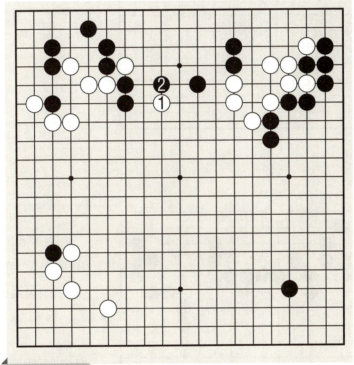

问题图　白先

棋局分析： 上边黑棋的模样非常大，因此白1在上边吊，黑2则挡住。如果上边无条件地全部成为黑棋的实地，白棋的目数肯定不够，因此白棋必须使用手段，压缩上边黑地，并构筑厚势。请问白棋应如何下手？

图1 正解

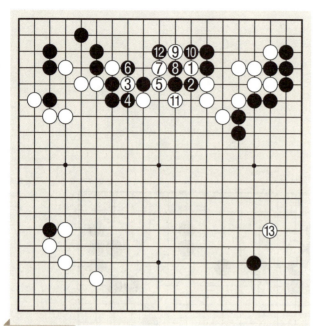

白1扳是诱饵，黑棋对此会怎样反应呢？黑2如果断，白3挖。黑4如果打吃，白5反打，开始利用白1一子。其后白7冲下，至白11挡，白棋好调。黑12不得已吃住白9，白13抢占大场。

图2 变化

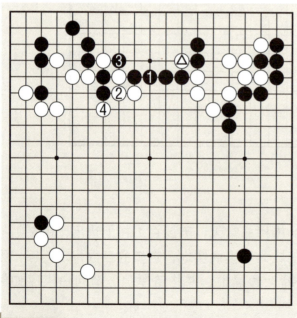

图1中的黑4如果下成本图中的黑1接，白△虽利用不上了，但白2、4后，这里形成的外势与左下方的白棋形成呼应，同样可以达到预期的目的。

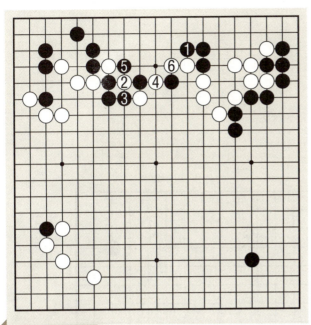

图3 冲入黑阵

图1中的黑2如果下成本图中的黑1拐，白2挖仍可成立。黑3如果打吃，白4反打后，白6顺势冲入。

图3 冲入黑阵

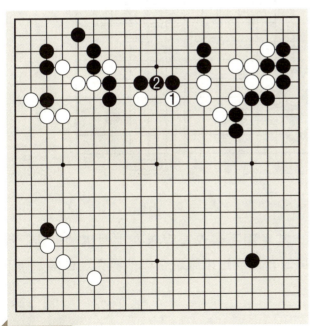

图4 失败

白1好像是先手，黑2乐得连上，黑棋在五路围空，完全可以满足。

图4 失败

问题 30

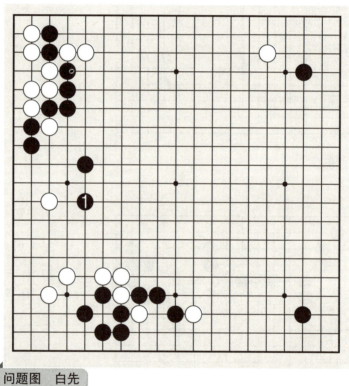

问题图　白先

棋局分析：黑1单跳，其意图不仅仅是谋求左上黑棋的安定。而且在限制左边白棋扩张的同时，还反过来瞄着白棋的弱点。白棋如何下为好？

图1 正解

白1刺，在一般情况下是俗手，但在本题中有使黑走重的意义。此后的变化请参见图2。

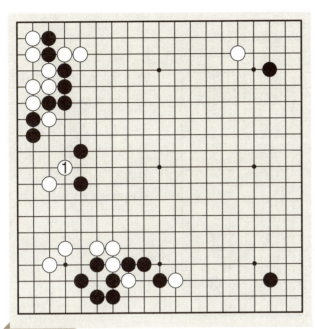

图1 正解

图2 正解的继续

续图1，黑1接，白2在左边补棋，黑3转至右上夹攻，白4、6快节奏地抓住要害，至白8接，白棋可以吃住黑四子，且黑整体成了浮棋。

其中黑3如果下在7位补，白△的刺即充分发挥了争先的作用。

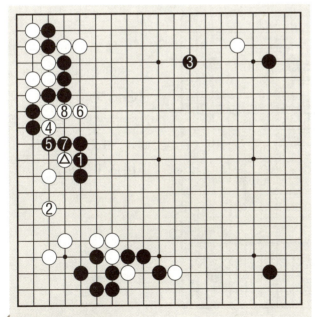

图2 正解的继续

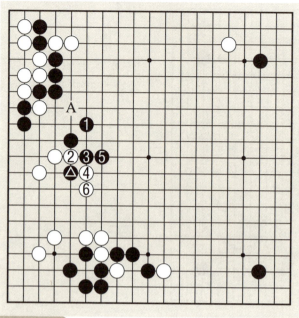

图3 余味

图3 余味

图2中的黑1如果下成本图中的黑1补，则黑⊙明显成为恶手。白2、4冲断后，白6吃住黑⊙子，白棋的收获很大，而且以后白棋还有A位的利用。

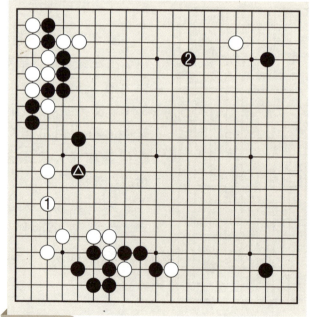

图4 失败

图4 失败

白1在左边补棋过于沉稳，这样一来黑⊙倒变成了好棋，黑2得以夹攻白一子。因此，白无论如何不该下出白1的棋。

图5 黑棋满意

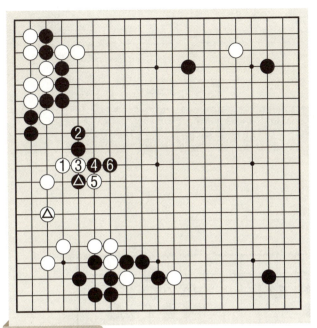

图5 黑棋满意

续图4，其后白1刺，黑2是形的需要。白3、5如果冲断，至黑6，黑棋应无不满。与图3相比，白棋多花了一手棋，即由于白⚠的存在，白棋吃黑⚠子的价值降低了。

图6 方向错误

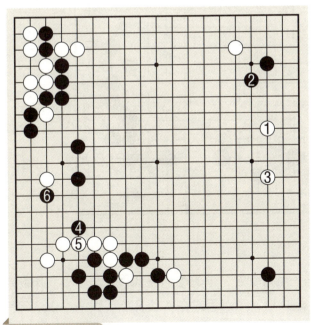

图6 方向错误

白1、3在右边下棋是明显的方向错误，黑4刺，迫白5接，然后黑6靠攻击白棋，白无好应手。

第2章
凌厉攻击中的试应手8型

问题1 ▶▶

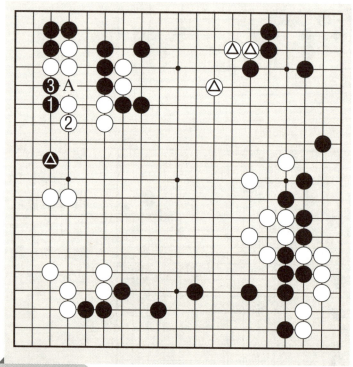

问题图　白先

棋局分析：右上的白三子虽未安定，但黑△的死活也十分重要。因此黑棋选择了黑1靠。白2长，黑3顶，黑以后或在A位穿断，或与左上的黑棋连接。白棋要安定右上的白△三子也存在一定的难度。此时白棋欲通过攻击左边的黑棋占便宜，说不定对右上白△三子还能有所帮助。请问白棋应如何下？

图1 正解

白1冲巧妙，白棋置A位的弱点于不顾，而问黑棋的应手，是非常巧妙的下法。白1虽然多送一子，却可给黑棋形制造弱点。此后的变化请参见图2。

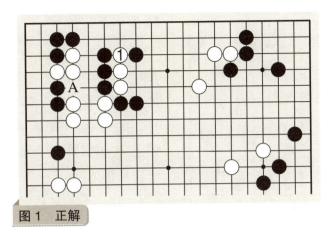

图1 正解

图2 正解的继续

续图1，黑1冲也很有想法，但白2扳很凶，黑3如果断，白4打住，黑5、7连打，白8后，黑9必须联络，白10则在上边联络，这是白△的试应手产生的巨大变化。

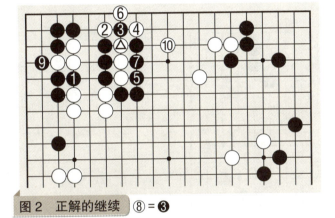

图2 正解的继续 ⑧=❸

结果黑在左上获得了一定利益，但白棋右上三子得到了安定，并切断了中腹的黑五子，白棋下得很漂亮。

图3 变化

如果黑棋能忍耐，将图2中黑1下成本图中黑1立，则白2拐头弃子，黑3按白棋的安排吃住三子，白4再逃出三子，结果仍是白棋好。

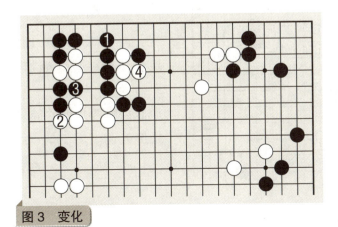

图3 变化

图4 随手棋

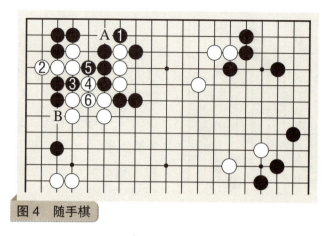

图4 随手棋

黑1如随手挡，则白2立阻渡，黑3冲，白4挖断，黑5打，白6接。其后白棋在A和B中必得其一，黑棋大坏。

图5 黑棋满意

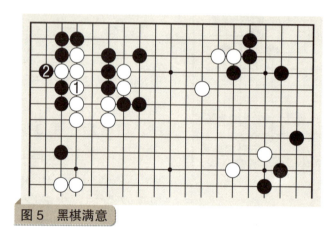

图5 黑棋满意

白1连上三子，正合黑意。黑2渡过，白损。

图6 失败

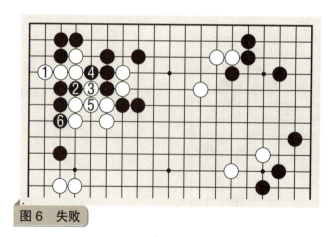

图6 失败

白1下立无理，黑2冲后，黑4断打，黑6再连左边一子，如此白棋要想取胜简直是痴人说梦。

问题2

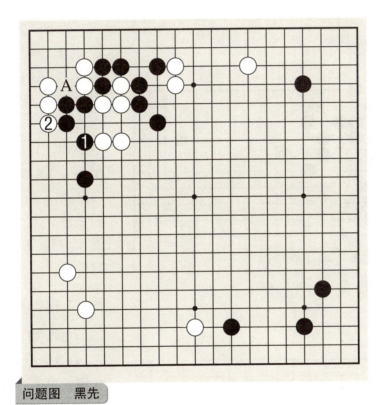

问题图　黑先

棋局分析：初盘阶段双方就在左上角展开了难分难解的战斗。黑1后，白2长过强。白2若下在A位接，左上角活棋肯定没问题。而现在白2明显无理，黑棋应不失时机地进行反击。现在黑棋如何下才能有效地对白左上角施压，并对中腹的白五子进行攻击？

图1 正解

黑1点是很严厉的下法，白棋一下子陷入了困境。以后的变化请参见图2。

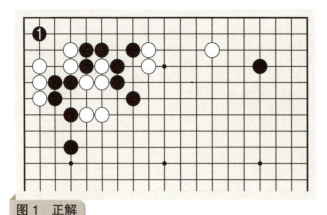

图1 正解

图2 打劫

续图1，白1团，阻止黑一子联络。黑2挡，不让白棋出头，白3刺，黑4就接，白3这个子不能发挥多大作用。其后白5出头，黑6一路跳，白7跳下阻渡，黑8、白9后，黑10扳，至黑12打，左上角下成打劫活。

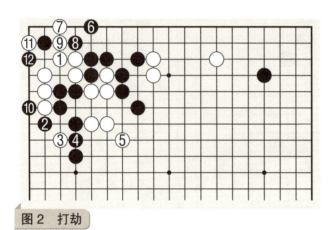

图2 打劫

图3 白棋不行

白1如顶，则黑2、白3之后，黑4冲，白棋无应手。白5如果退，黑6打吃，白7接时，黑8下立，由于角的特殊性，白棋吃不住角上黑二子，因而左上白棋整体陷入了困境。

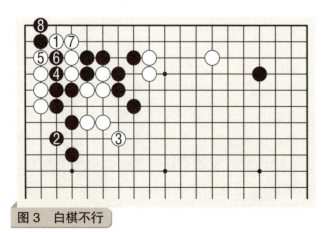

图3 白棋不行

图4 白棋艰难

图2中的白1如果下成本图中的白1双,则黑2渡过,白角要做活必须费一番苦心。

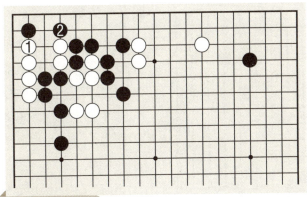

图4 白棋艰难

图5 白棋的抵抗

白1接是最强的抵抗,由于黑气很紧,黑2必须补一手。此时白棋置中腹五子于不顾,毅然在3位阻渡又是强手,但实际上白3是无理棋。黑4是针对白3的下法,

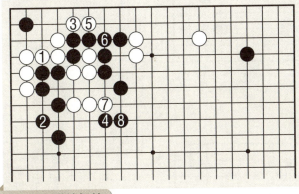

图5 白棋的抵抗

白五子已被包围。白5打吃后,白7谋求出头,黑8则退。

图6 征子不利

续图5,白1跳出,黑2夹,白3长,黑4、6切断,白7冲,黑8挡,白9打吃,黑10长出,由于对黑▲二子白棋征子不利,因而白八子被歼。

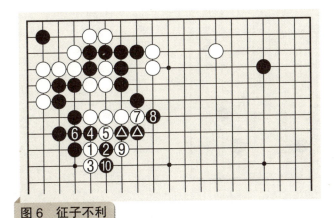

图6 征子不利

图7 失败

黑1挡，白2则快节奏地先手刺，再白4出头。由于白A是先手，白左上角可以净活。

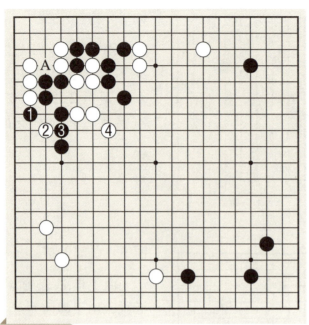

图7 失败

图8 大同小异

黑1补，白2则向中腹出头，黑3再点时，白4可以阻止黑一子的联络，结果与图7大同小异。

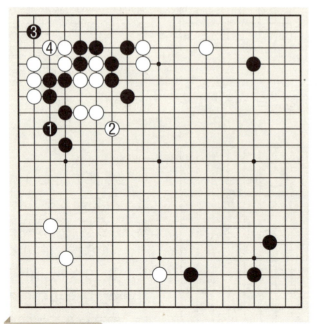

图8 大同小异

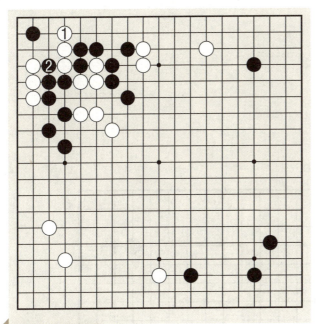

图9 白棋错误

图8中的白4如果下成本图中的白1立,则黑2冲,白角全死。

图9 白棋错误

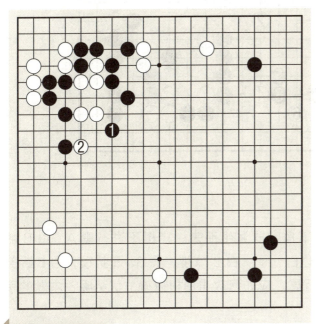

图10 黑棋贪心

黑1封过于贪心,黑棋无理。白2靠出后,黑棋已不可能有后续攻击手段。

图10 黑棋贪心

问题 3 ▸▸

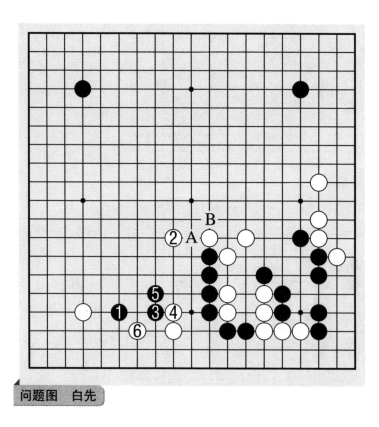

问题图　白先

棋局分析： 本题由右下角定式派生而来。黑棋不进行黑 A、白 B 的先手交换，而黑 1 夹攻下边白一子。白 2 单跳，黑 3、5 封锁，白 6 跳努力活棋。此时黑棋陷入了沉思，应如何攻击白棋以确立优势呢？本题的手数很多，有相当的难度。

图1 正解

黑1挖是攻击的前奏，其意图是首先缓和自己的弱点，根据对方的反应，再决定攻击的方向和攻击的方法。白2打吃有气势，黑3再阻止白棋出头，并自己形成联络，威胁白三子。白4活下边，黑5、白6后，黑7长出决战，白棋的负担很大。

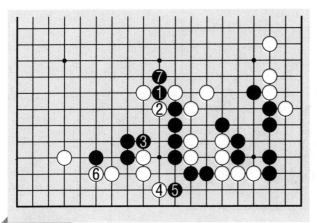

图1 正解

图2 变化

白1如从上边打吃，其后白3接，则黑4强挡，白5、7扳接，白9长出后，下边的黑大块似有危险。此后的变化请参见图3。

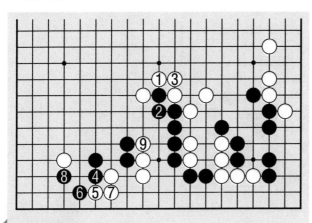

图2 变化

图3 黑棋巧妙

续图2，黑1退，白2、4冲断。黑5打吃，白6逃时，黑7顶，黑7是白棋未曾预料的下法，白8只能拐出，黑9再提一子。现在的形势，白棋已无可奈何。其中黑△和黑7都是好棋，这也正是围棋的奥妙所在。

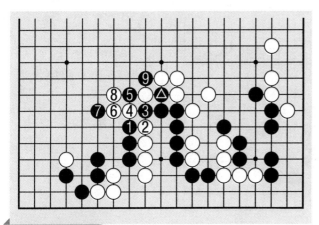

图3 黑棋巧妙

图4 白棋无理

图1中的白4下成本图中的白1提黑一子是无理下法。黑2挡，攻击下边白棋，白棋为做活，不得不让黑在4、6、8、10位下子。至白11虽苦苦活出，但黑12有力，左下一带几乎全成黑地。

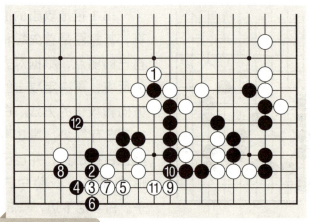

图4 白棋无理

图5 失败

黑1挡，白2则冲，黑3只好扳住，白4、6扳接是先手，其后白8冲、白10切断，黑11无奈只好双，白12断，后续变化见图6。

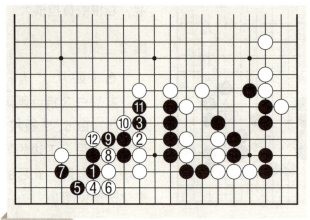

图5 失败

图6 对杀

续图5，白2结实地联络，为避免倒扑，黑3只能粘，白4是手筋，黑5托、7退虽努力长气，但白8点后，黑气仍不够。

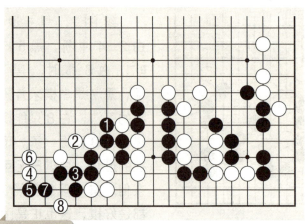

图6 对杀

图7 黑大龙被杀

图6中的黑1如果下成本图中的黑1打吃，白2当然长，黑3冲出，白4拐，黑5长气，白6逃一子，黑7同样向中腹出头，白8接，黑9只好逃数子，于是白10飞，下边黑棋与白棋形成了对杀，明显是白棋气长。

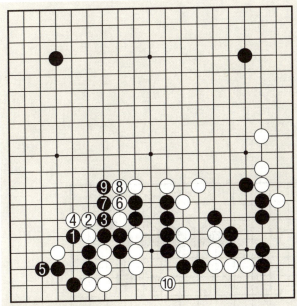

图7 黑大龙被杀

图8 棋筋被吃

黑1、3冲断，由于白4是先手，黑棋收获不大。黑5打吃后，黑7吃住白一子。但白8长后，白10断掉作为棋筋的黑二子，白棋成功。

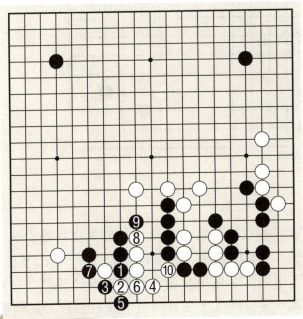

图8 棋筋被吃

问题 4 ▶▶

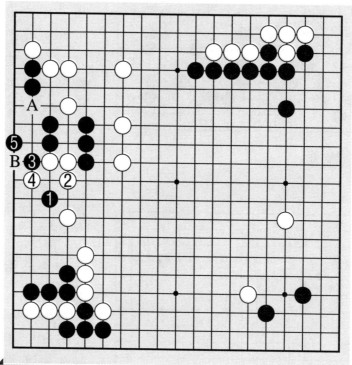

问题图　白先

棋局分析： 左上黑白双方的攻防是目前中盘作战的关键所在。黑 1 点非常锐利，白 2 下成愚形，令黑棋满足。黑棋为做活，黑 3 扳、5 虎，但黑 5 是失误，令黑棋一下子陷入了困境。由于白棋在左边较厚，白 A 靠入，黑棋还不活。看来黑 5 这步棋应下在 B 位立。现在白棋应如何确立自己的优势？

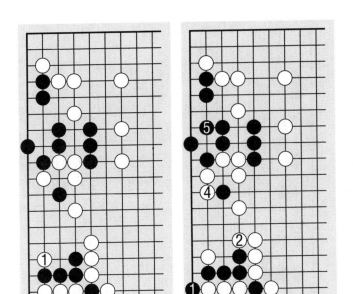

图 1　正解　　　　图 2　正解的继续

图1　正解

白1夹问黑棋的应手。若黑棋不愿忍受实地损失而反抗，那么白棋再通过猛烈的攻击，让黑棋付出代价也不迟，这就是高手的作战方式。后续变化请参见图2。

图2　正解的继续

续图1，黑1补，白2先手便宜，白4再围住边空，黑5只好补活。由于白4先手成空不小，白棋可以满足，然后白棋可再抢占其他大场。

图3　因小失大

图2中的黑1如果下成本图中的黑1吃白一子则缺少远见。白2扳后，白4跳解消自身弱点且是先手。黑5顶、白6应后，黑7只好吃白三子。此时白8靠入非常重要，黑棋不活。

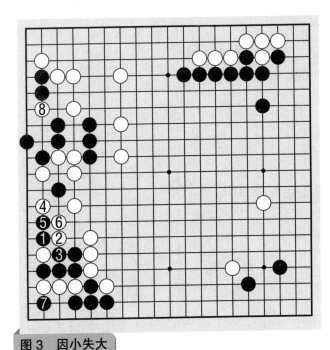

图 3　因小失大

图 4　白棋无理

图 3 中的白 4 如果下成本图中的白 1 试图滚打则无理，黑 2 提去白一子后，黑 4 长，白 5 打吃，黑 6 接，白 7 靠时，黑 8 可拉回一子，白棋大亏。

图 5　黑棋无理

图 2 中的黑 1 如果下成本图中的黑 1 尖则无理。白 2 爬，黑 3 阻渡，白 4 是先手，黑 5 拐下，白 6 靠入，结果与图 3 大同小异。

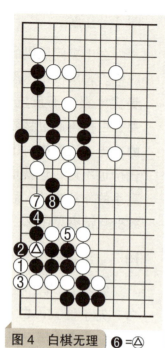

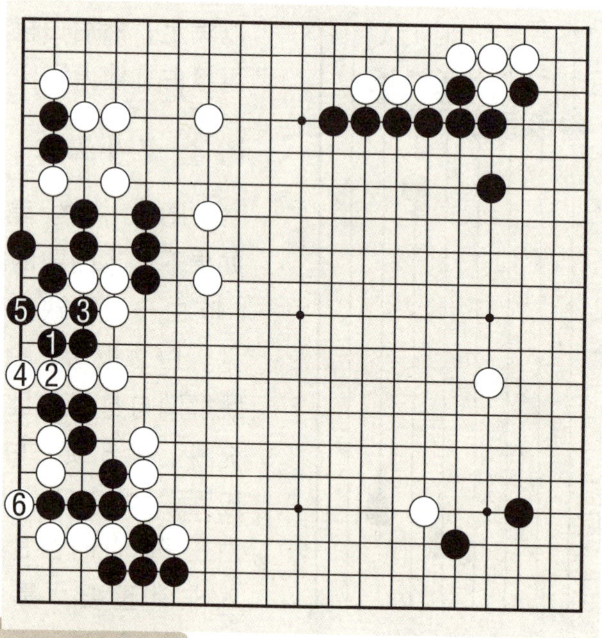

图 4　白棋无理　❻=△

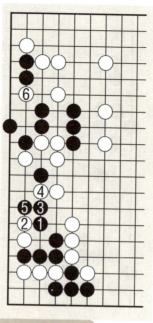

图 5　黑棋无理

图 6　黑棋大损

续图 5，黑 1 试图联络，黑 3 打吃白一子，白 4 则下立，黑 5 只好提，白 6 可以吃住黑七子，黑棋大损。

图 6　黑棋大损

图7 白错失机会

图5中的白6如果下成本图中的白1挡则错失机会，黑2补棋后，黑棋已安然无恙。白3联络时，黑4下立稳健，左下对杀白气不够。

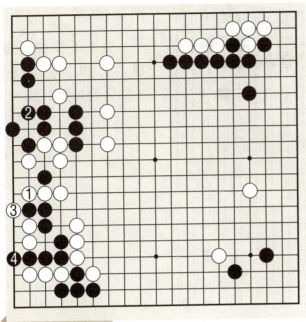

图7 白错失机会

图8 白棋不行

图7中的白3如果下成本图中的白1渡过，则黑2扑，白3提，黑4挡，左下角白已无力回天。

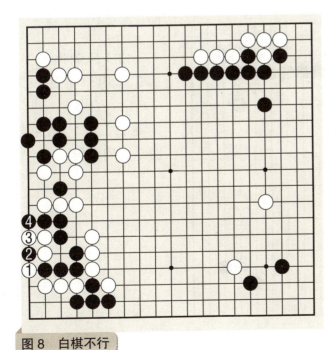

图8 白棋不行

图9 失败

白1单接缺乏进取心，黑2补活后，白棋全盘目数不足。

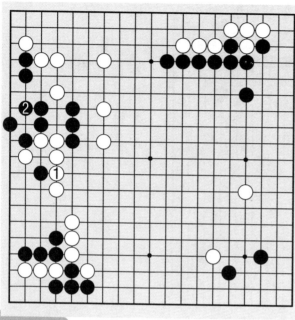

图9 失败

图10 大同小异

白1压制黑一子，黑2利用一下后，黑4做活。白5夹，黑6则吃白三子，结果与图9大同小异。

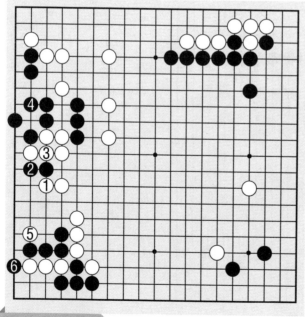

图10 大同小异

问题 5 ▶▶

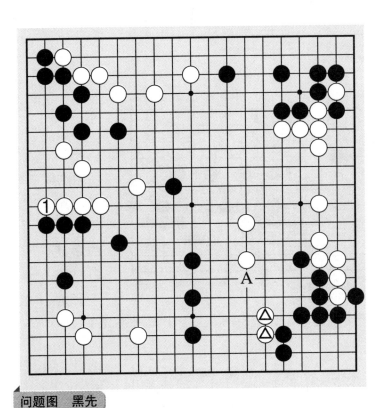

问题图　黑先

棋局分析：现在黑棋整体很厚，黑棋如何利用其厚势，这是当前面临的课题。白1补左边，下边的白⊙二子由于未能完全联络，黑棋应寻求在A位靠。但黑棋在采取行动之前，有必要做些准备工作。黑棋应在何处问白棋的应手后再开始攻击呢？

图1 正解

黑1靠是正确的下法。类似黑1的下法，通常情况下很容易会帮对方的忙，但在本题中却是具有明确的问白棋应手的意图。

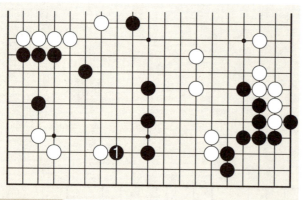
图1 正解

图2 正解的含义

图1中的黑1如果不下，而直接于本图中的黑1靠，则白2刺，黑3接，白4扳，黑5断，白6打吃后白8接。至白10接，白棋将在A位和B位中必居其一，黑棋有

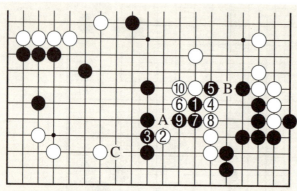
图2 正解的含义

点狼狈。但黑棋如果在C位有子，白2刺就不是先手。

图3 黑棋的意图

续图1，白1如果长，此时黑2靠、4断非常严厉。

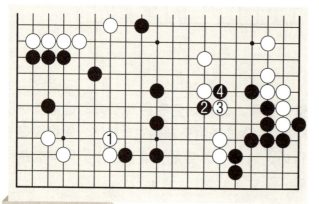
图3 黑棋的意图

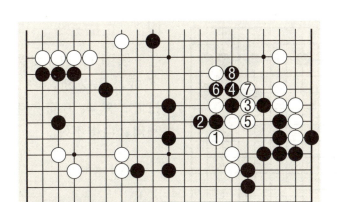

图4 黑棋便宜

图4 黑棋便宜

续图3，白棋如果以消极的态度，白1、3连续打吃后白5接，则黑6打吃再黑8冲出，黑占便宜不小。

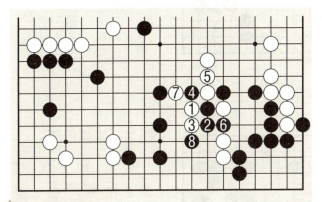

图5 黑棋成功

图5 黑棋成功

白1从另一边打吃，其后白3长，黑4则断打，黑6再打吃一子。白7打吃黑一子时，黑8可以扳，下边白二子被吃，黑棋大获成功。

图6 白棋危险

白1如接，则黑2打吃后，黑4挡有力。白5吃黑二子，黑6接，白7竭力做活，黑8跳入，白棋做活不容易。

图6 白棋危险

图7 白棋不好

续图1，白1如果下扳，黑2断，白3打吃，黑4、6可先手利用，白棋不好。

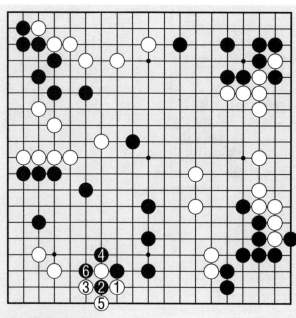

图7 白棋不好

图8 黑棋很厚

白1如上扳，则黑2扭断，白3退，黑4打吃，黑棋很厚，白棋不利。

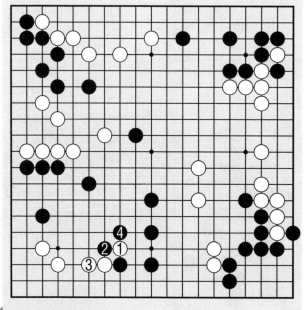

图8 黑棋很厚

问题6

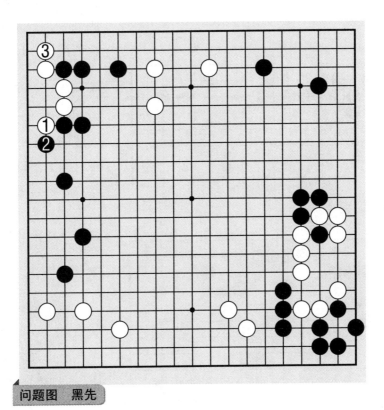

问题图　黑先

棋局分析： 白1、3在黑棋的包围中竭力求活，黑棋现在要立即吃住白棋也不容易，但决不甘心让白棋很舒服地活出。左上的黑三子较弱，而上边的白三子也不太强，因此黑棋可以通过攻击上边白三子而有所收获，当然干脆吃住角上白棋更好。请问黑棋应怎样下？

图1 正解

黑1先刺是巧妙的下法，黑棋可以通过黑1攻击白棋的弱点，来主导行棋的节奏。白2如果挡，黑3冲、5断是脱离常规的强手，前提是白棋A位的征子不成立。

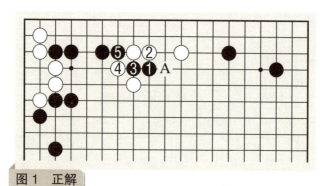

图1 正解

图2 正解的继续

续图1，白1封是一般的下法，但在本题中被黑2、4、6先手打吃后，再黑8断打，黑棋可以吃住一块白棋，黑弃子战术成功。

图2 正解的继续

图3 变化

白1如接，则黑2联络，白3补角，之后黑4点是充分发挥△子作用的手筋。白5如果挡，黑6利用后，黑8联络，白9只好挡住，黑10攻击整块白棋，这就是攻击的效果。攻击并不是一味地吃子，经常是通过正确的试应手，使对方的棋子下坏，而自己取得利益。

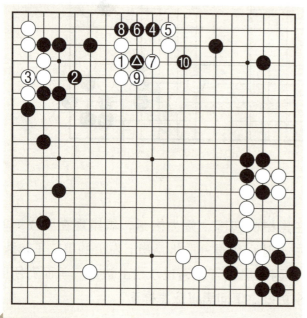

图3 变化

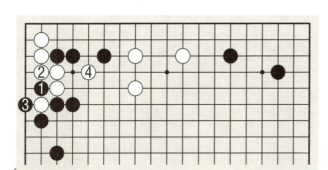

图4 失败

图4 失败

黑1打吃，白2之后白4跳，结果意图攻击白棋的黑棋三子反而陷入困境。

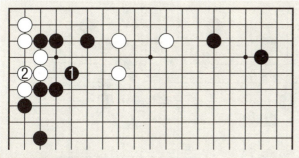

图5 白棋做活

图5 白棋做活

黑1联络虽然稳健，但白2补活后，白棋达到了预期的目的。此后的变化请参见图6。

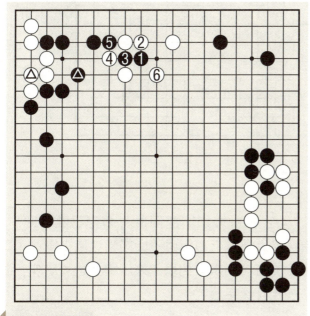

图6 不同之处

图6 不同之处

与图1不同的是，图5中的黑△与白△交换后，黑1再刺时，白棋可6位封，使白4一子变轻，诱黑棋形重复。由此可见提高每一手棋价值的重要性。

问题 7

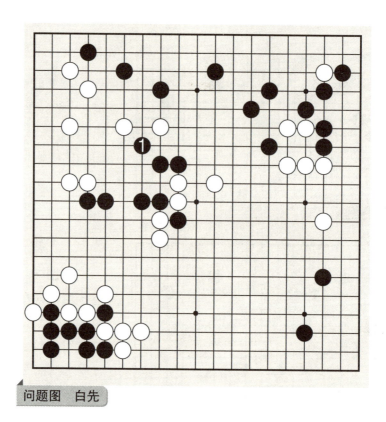

问题图　白先

棋局分析： 黑 1 刺是在防止被对方切断的同时，为自己准备眼形。中腹的黑棋大龙离活棋只有一步之遥，但白棋也不会轻易让黑棋得逞。即使白棋可以让黑棋活出，也会充分利用黑棋的弱点来压缩上边的黑阵。请问白棋要达到这一目的，应使用什么手段？

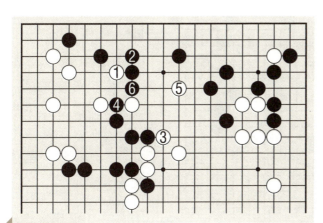

图1 正解

图1 正解

白1靠问黑棋的应手是巧妙的反击手段,黑2补也是最佳选择。白3虎整形,黑4冲,由于有白1的存在,黑棋的棋形不是很坚固,所以白5镇时,黑6不得不联络。结果白棋很轻快地先手利用。

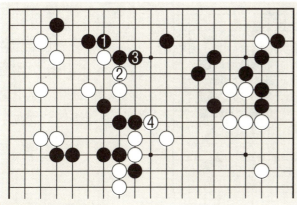

图2 黑棋困难

图2 黑棋困难

黑1如挡,则白2顶。此时黑棋面临选择,黑3若长,白4是急所,左侧的黑棋好像被捆住了手脚。

图3 变化

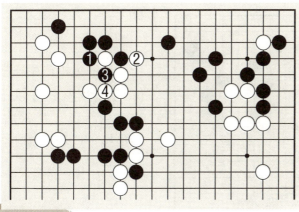

图3 变化

图2中的黑3如果下成本图中的黑1打吃,其意是让白棋下重,但白2反打很好,黑3提白一子时,白4顺势连上。上边的黑阵与左侧的黑大龙两者之中,总有一边要付出代价。

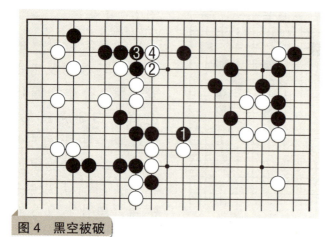

图4 黑空被破

图4 黑空被破

图2中的黑3如果下成本图中的黑1靠,与右上方的黑棋联络,则白2先手打后,白4冲下,黑棋上边被破。

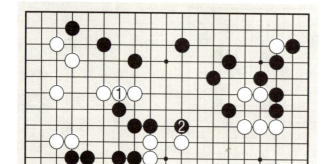

图5 失败

图5 失败

白1接虽按照围棋格言下棋,但在本题中却太老实,黑2靠出后,黑棋成功逃脱。

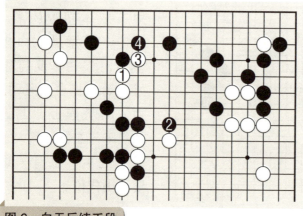

图6 白无后续手段

图6 白无后续手段

白1顶,可能会给上边的黑棋产生一些影响,但黑2可以靠出,白3扳,黑4挡,白棋缺少后续手段。

问题8

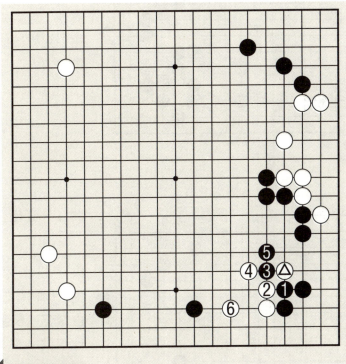

问题图　黑先

棋局分析： 黑1、3切断白△子，白4打吃后白6整形，由于周边的黑棋很厚，黑棋仍可通过攻击白四子而有所收获。请问黑棋应如何有效地攻击白棋？

图1 正解

黑1断,令白棋多少有点意外。这是巧妙的下法,黑棋的意图是通过弃子来破坏白棋的眼形。白2只好打吃,黑3、5两打痛快,此后黑7跳起攻击,白棋缩成一团,很不舒服。

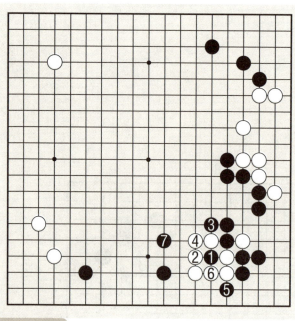

图1 正解

图2 变化

图1中的白4如果下成本图中的白1提,则黑2长有力。白3压、5断虽是一种下法,但黑6、8两长,白9如虎,黑10先手打吃,再黑12挡,白棋虽能做活,黑却先手筑成了很厚的外势,黑棋成功。

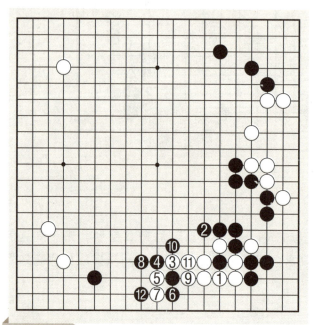

图2 变化

图3 白棋无根

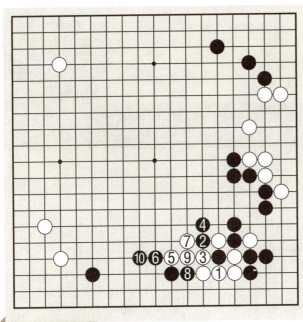

图3 白棋无根

白1如从下方打吃，则黑2打厉害。白3提一子，黑4长，破坏白的眼形。白5试图出头，黑6扳，白7虎，黑8顶、10补，将下边下厚。白棋无根，此后白为活棋尚需长期努力。

图4 失败

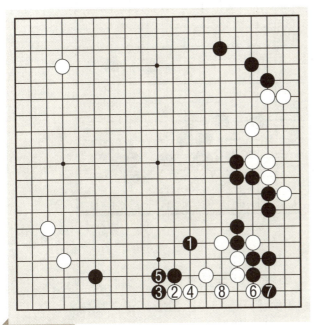

图4 失败

黑1可能是初学者最先想到的，但攻击的效果并不明显。白2、4先手利用后，白6、8整形，白棋已轻松活出。

第3章

惊险打入中的试应手5型

问题1 ▶▶

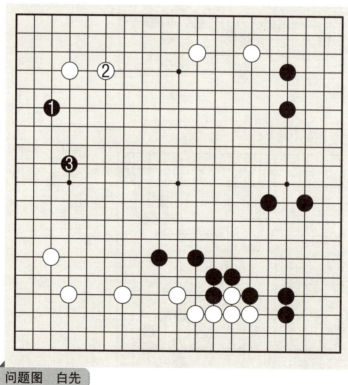

问题图 白先

棋局分析： 黑1在左上角挂，其后黑3大飞，黑棋顺利进入左边。而白棋也不能任由右边的黑棋发展，请问白棋应如何进入黑阵？

图1 正解

白1打入是不易被发现的下法。白棋的意图与其说是求活，倒不如说是根据黑棋的应法来决定行动，或获取官子利益，或是留有余味。

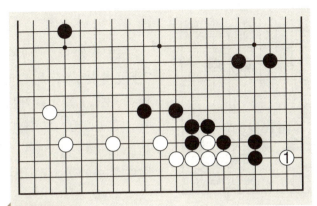

图1 正解

图2 正解的继续

续图1，黑1是最容易想到的应手，但无法避免白2的官子便宜。黑3扳，白4连回，黑5必须补棋，结果白棋先手便宜，以后A位官子仍是白棋的权利。右下角的正常收官请参见图6。

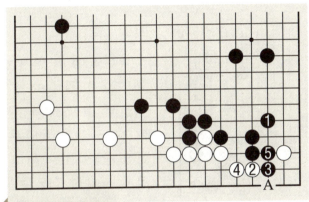

图2 正解的继续

图3 黑味道坏

黑1如用强，则味道太坏。白棋不宜立即正面交锋，而是白2靠，待黑3应后，白4打吃，黑5接，白6再渗透，黑棋有麻烦。

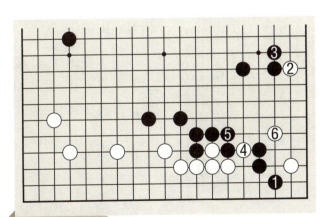

图3 黑味道坏

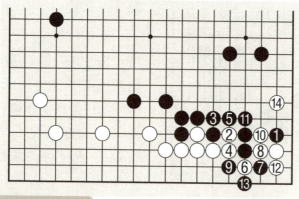

图4 白棋活出

图4 白棋活出

黑1如靠,则白2打、4接,其后白6扳、8断,黑9只好打吃,但白10、12连打后,白14飞,结果白棋在黑棋的势力范围内活出一块。

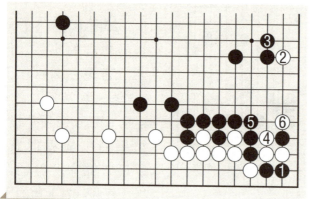

图5 变化

图5 变化

图4中的黑9如果下成本图中的黑1挡,味道仍然不好。白2再一次问黑应手,黑3若长,白4打吃,黑5接,白6吃住黑一子,白仍平安活出。

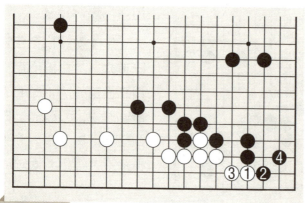

图6 失败

图6 失败

白1普通地收官,以下至黑4,与图2相比,白损2目。

问题 2

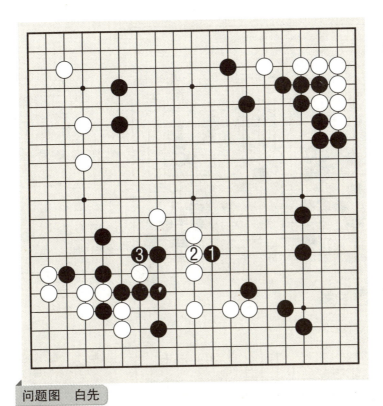

问题图　白先

棋局分析： 黑1刺，其后黑3吃住白一子，是谋求安定的手法。此时白棋应针对右边的黑阵想办法。如果打入太深，则危险太大；但若太浅，白棋的实地又不够。白棋可采用试应手的战术，请问白棋的正确下法是什么？

图1 正解

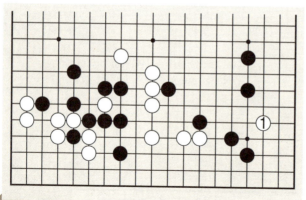

图1 正解

白1打入，犹如特工队打入敌阵。初看白棋打入太深，但白棋可利用这一棋子来侵消黑阵。

图2 正解的继续

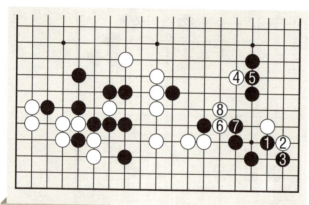

图2 正解的继续

续图1，黑1尖顶是最易考虑到的下法，白2扳非常重要。其后白4刺又是好棋，白6扳时，黑7无奈后退，白8长，白棋达到了压缩右边黑阵的目的。

图3 官子便宜

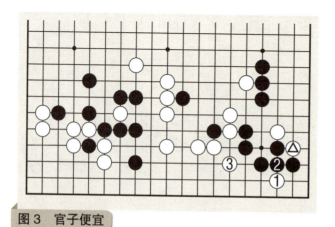

图3 官子便宜

续图2，白△扳的理由是，白1是先手。黑2接，白3尖。由于接下来可拉回白1一子，白棋在官子上便宜。

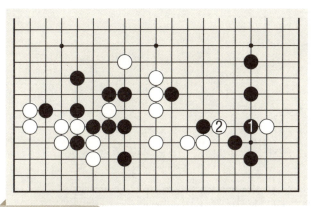

图 4　黑味道坏

图 4　黑味道坏

图 2 中的黑 1 如果下成本图中的黑 1 封，则味道太坏。白 2 扳，后续变化请参见图 5。

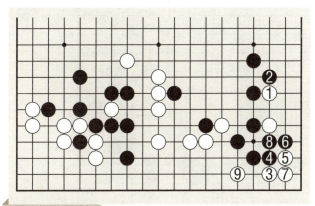

图 5　黑棋不好

图 5　黑棋不好

续图 4，黑棋如果不在边上补棋，则白 1 与黑 2 交换之后，白 3 点是棋形的急所。黑 4 挡，白 5、7 扳接后，白 9 跳回，黑棋不好。

其中白 3 如果下在 4 位托，白无胜算。

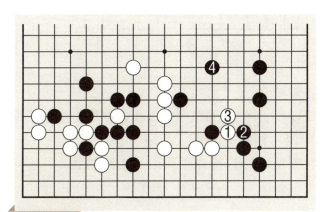

图 6　失败

图 6　失败

白 1 扳是最易考虑到的，但白 3 长时，黑 4 是双方此消彼长的要点，白棋的效果不及图 2。

问题 3 ▶

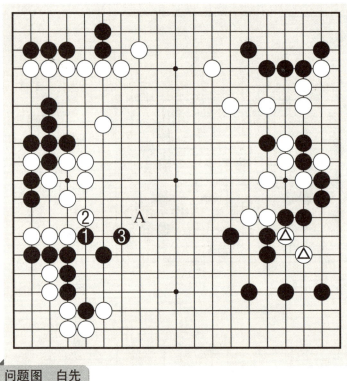

问题图　白先

棋局分析：黑1、3整形，此时中腹的白棋能在多大程度上围成实空将是胜负的关键。但目前即使白棋在 A 位围，仅靠中腹的实地也不行，因此白棋应利用△子先在右下角渗透，待先手获取一定利益后，再围中腹。请问白棋应怎样渗透？

图 1　正解

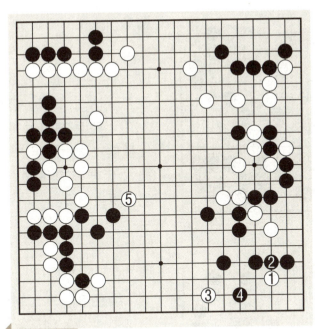

图 1　正解

白 1 刺是正确的下法。白 1 看起来在任何时候都是先手，但现在正是利用的时机。黑 2 只好接上，白 3 在二路渗透，黑 4 总要补一手，白 5 再围中腹。白 3 与黑 4 交换，限制了黑右下的规模。

图 2　顽抗

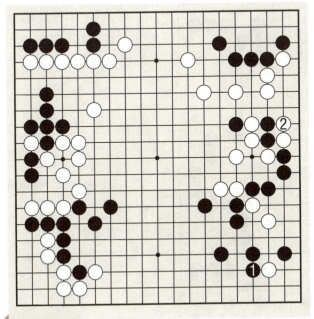

图 2　顽抗

黑 1 如进行最顽强的抵抗，则白 2 吃住黑二子是先手，黑损。

图3 变化

图1中的黑4下成本图中的黑1虽很强烈，但白2长，黑3跨，其后黑5算得上最佳攻法，但至白8挡，双方在右下角的战斗相当难解。

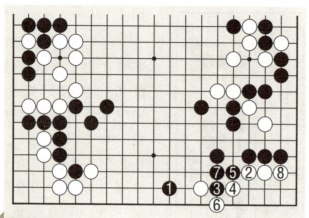

图3 变化

图4 白棋好调

续图3，黑1夹，白2扳，黑3打吃，其意是吃住半侧的白棋。而白棋此时可暂时放下右下角的缠斗，白4转至中腹围，结果白棋好调。

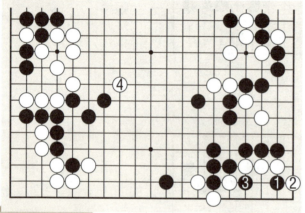

图4 白棋好调

图5 劫杀

图4中的黑1如果下成本图中的黑1打吃，则白2做劫，角上成了劫杀。

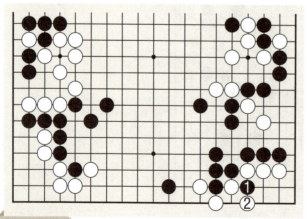

图5 劫杀

图6 出头

图4中的黑1如果下成本图中的黑1扳，其后黑3点，右下角白棋眼位不足，但白6接是先手，其后白8试图向中腹出头。

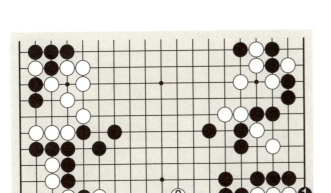

图6 出头

图7 黑棋无理

续图6，黑1扳无理，白2断，迫使黑3退，其后白4、6、8向外冲，黑9挡，白10打吃后，白12、14冲断，黑15靠住，白16再断，黑大败。

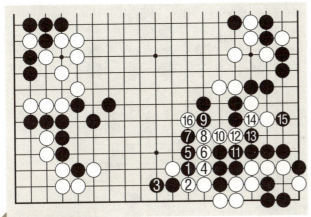

图7 黑棋无理

图8 失败

白1直接在中腹围虽是一种感觉，很可惜失去了渗透的机会。黑2后，黑4、6先手利用很舒服，接着黑8围下边，黑棋在实地上领先。

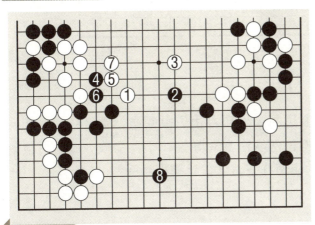

图8 失败

问题 4

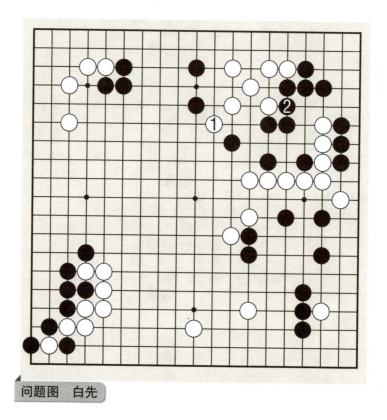

问题图　白先

棋局分析： 白1阻止上边的黑棋和右边黑棋联络，黑2接，右边和上边的白棋还都没安定，但这两块棋富有弹性，不易受攻。此时白棋有必要在上边做文章，请问白棋怎样下，才能让黑棋难受？

图1 正解

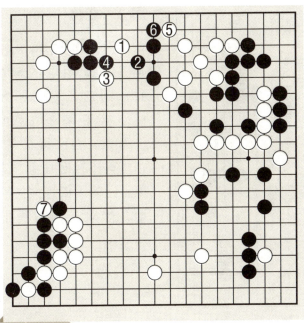

白1强行打入，黑棋有点难办。黑2封是最强手，但白3、5的先手利用很轻松，结果是白棋充分利用了白1的作用，而边上还有很多余味。

图1 正解

图2 余味

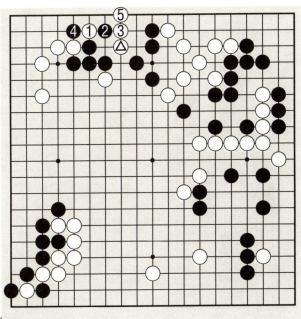

黑棋如果认为白△一子已是废子，那就错了。白1扳，黑2必须挡，此时白3夹，白5下立，白棋可救活三子。

图2 余味

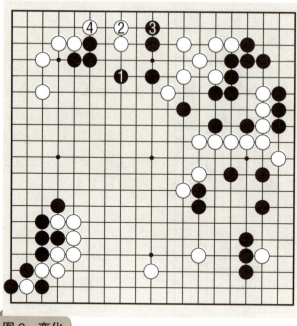

图3 变化

图3 变化

图1中的黑2如果下成本图中的黑1封，则白2下立是好棋，接下来3位和4位两点，白必得其一，白棋可以轻松联络。结果上边的黑棋也失去根地，想攻击白棋更加困难。

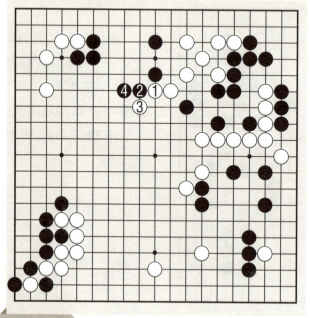

图4 失败

图4 失败

白1长、3扳是初学者容易下出来的，结果黑棋很舒服地在上边成空。

问题 5 ▶▶

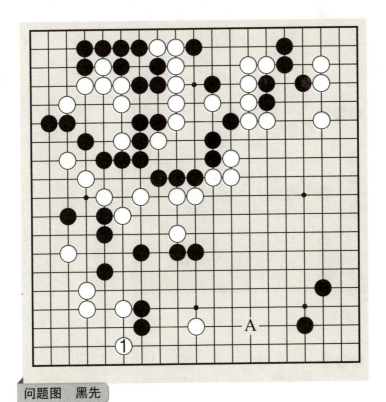

问题图　黑先

棋局分析： 黑白双方的转换非常复杂，目前的局面很难判断。白棋应在 A 位拆求安定，但现在白 1 跳下，其意是先手利用。面对白棋的无理，黑棋能否还以颜色？

图1 正解

黑1打入问白棋的应手是高级下法，黑棋根据白棋的应法再决定下一手棋。

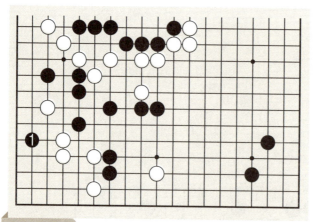

图1 正解

图2 黑棋优势

续图1，白1尖顶是最普通的下法。黑2冲，白3必须挡，黑4也挡。白5长出时，黑6、8、10先手利用很舒服，其后黑12夹攻，黑棋优势。

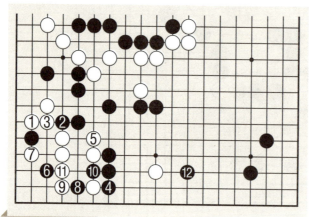

图2 黑棋优势

图3 黑棋满足

白1如靠，则黑2挡，白3长，黑4仍挡，白5在下边拆时，黑6可以托过。能接回黑▲一子，黑很满足。

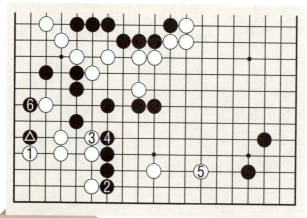

图3 黑棋满足

图 4　失败

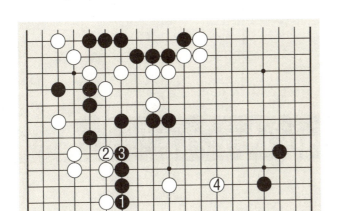

图 4　失败

黑 1 挡，白 2 先手，其后白 4 在下边拆，之所以说这是黑棋的失败图，就是因为这样下，完全按照白棋的意图行事。

图 5　黑亏

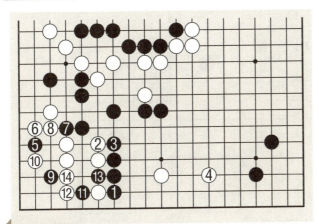

图 5　黑亏

白 4 拆后，黑 5 再打入时，白 6 至黑 13 的下法与图 2 一样，但黑 3 与白 4 的交换，黑棋亏了。

图 6　变化

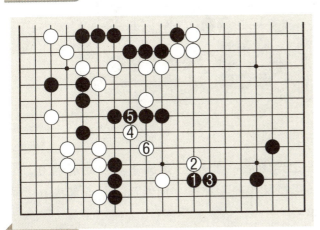

图 6　变化

图 4 中的黑 3 如果下成本图中的黑 1 夹攻，则白 2 靠一手后，白 4 刺先手利用，接着白 6 封，下边黑三子困难。

第4章
腾挪作战中的试应手20型

问题1

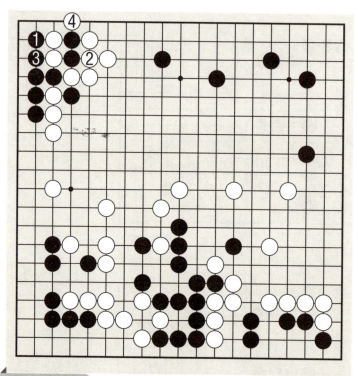

问题图　黑先

棋局分析： 黑棋为在左上角做活，黑1、3是先手。在此基础上，黑棋已有效地达到了目的。但黑棋又想先手在左上角做活，从而能先在上边行棋。请问黑棋应如何着手？

图 1 正解

黑 1 靠是令白棋吃惊的一手，如此白棋对黑棋的下法也应感到敬畏。后续变化请参见图 2。

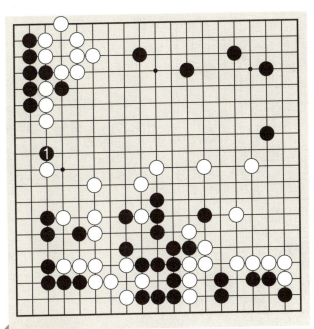

图 1 正解

图 2 正解的继续

续图 1，白 1 如果挡，黑 2 下立，白 3 补棋后，黑▲虽变成恶手，但黑 4 可以抢先占据要点。从目前的形势来看，白 3 的价值变小了。

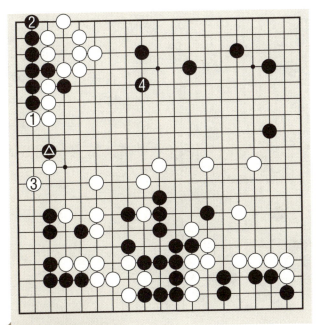

图 2 正解的继续

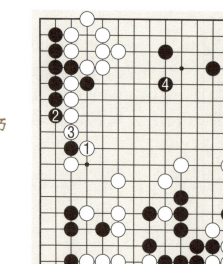

图3 变化

图3 变化

图2中的白1如果下成本图中的白1上扳，则黑2长是先手。白3虽可吃住黑一子，但黑4先在上边行棋，黑棋抢占到要点。

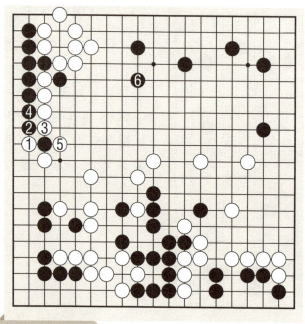

图4 大同小异

图4 大同小异

白1如下扳，则黑2也扳。白3打吃，黑4接后，角上已活。白5提黑一子，黑6则跳，结果与图3大同小异。

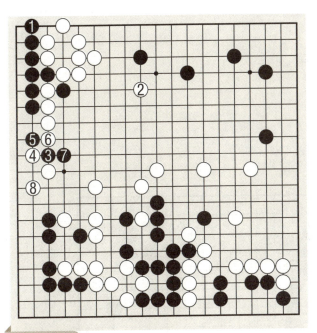

图5 失败

图5 失败

黑1做活，白2镇是形势要点，其后黑3再靠，白4下扳，至白8虎，黑棋白送二子。由此可见图1中黑棋时机选择很巧妙。

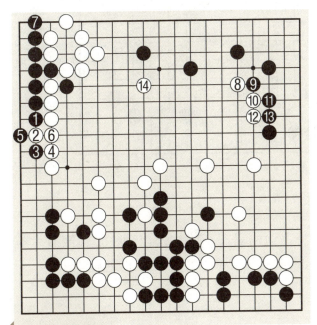

图6 黑棋不满

图6 黑棋不满

黑1长，其后黑3夹，其收效不如想象中好。至黑7，黑角虽已活，但白争得先手。白8、10、12先手利用后，白棋终于抢占到了白14，黑棋不满。

问题 2

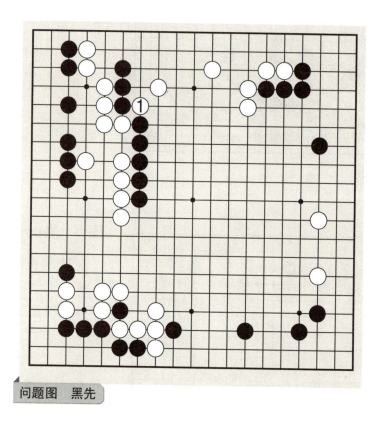

问题图　黑先

棋局分析： 白 1 断，将上边的黑三子吃住，以期在上边围成大空。现在黑棋面临的问题是，如何利用试应手不让白棋的企图得逞？

图1 正解

黑1靠，问白棋的应手，时机正确。这一手棋下出后，便可静静地等待白棋的反应。白2扳也是正确的，黑3打吃后，黑5连扳。其后黑11、13先手利用，黑15吃住白一子。黑1试应手的结果是，黑13时，白棋不能在1位退，这是黑棋的收获。

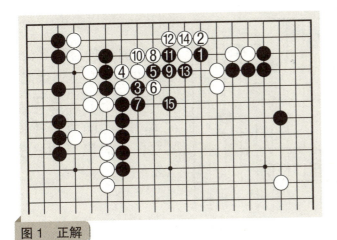

图1 正解

图2 变化

白1如长，黑2当然毫不犹豫地断吃白二子。

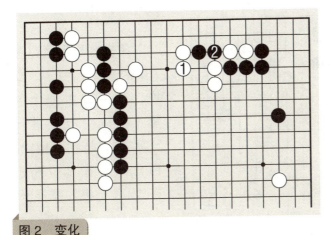

图2 变化

图3 黑棋形好

白1如挡，黑2夹则是连续的手筋。白3必须连接，黑4打后黑6长，此时白如梦初醒。白7限制黑三子活动，黑8连一子，白9不得不后手补，黑10则在中腹整形。

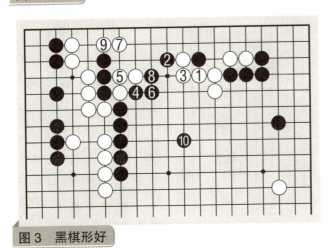

图3 黑棋形好

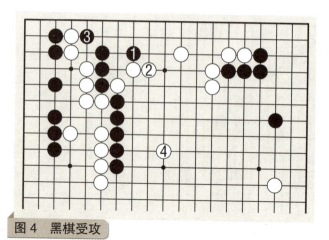

图4 黑棋受攻

图4 黑棋受攻

黑1托后黑3尖，黑棋不难在上边做活，但白4大攻中腹黑五子。由于白棋整体很厚，以后黑棋的日子不好过。

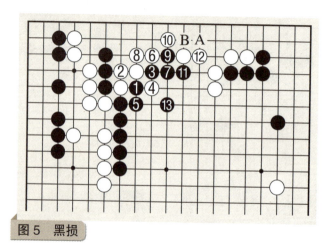

图5 黑损

图5 黑损

黑棋如果不经过图1中的黑1和白2的交换，而下成本图中的黑1打吃，以下进行至黑13，与图1相比，白棋不是在B位而是在12位补棋，黑损。

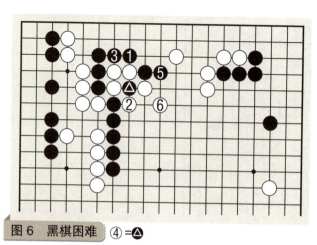

图6 黑棋困难 ④=▲

图6 黑棋困难

图5中的黑5如果下成本图中的黑1滚打，黑3滚打后黑5长，由于白6是好棋，黑棋以后不好下。正由于有本图中的白6存在，白棋才选择了问题图中的白1断。

问题 3

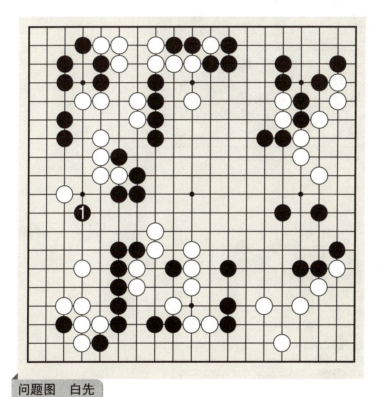

问题图　白先

棋局分析： 黑 1 在侵消白棋的同时，还威胁到上边白棋和左下角白棋的联络。而白棋也想通过对左上角黑棋的威胁，让上边的白大龙活棋，当然最好与左下角白棋联络。请问此时白棋应怎样下？

图1 正确

白1扳，瞄着A位的断点，可以说是惊天动地的妙手，并可以先手在B位接。

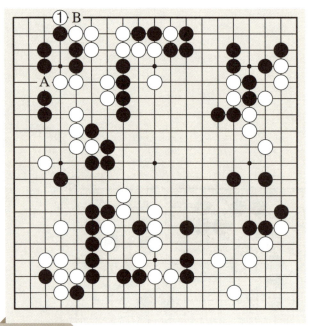

图1 正确

图2 正解的继续

续图1，黑1如果挡，白2、4切断后，白6冲，黑7接，白8长，黑9挡，白10、12先手利用，白棋整体已活出。以后白14与左下角的白棋联络，黑15扳时，白16可以夹过。

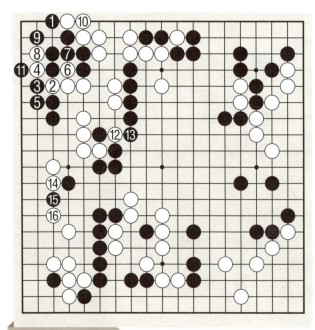

图2 正解的继续

图3 变化

图2中的黑5如果下成本图中的黑1打吃,则白2靠,黑3必须应,此时白4、6可以很干脆地联络。

图4 白棋满足

黑1如退守,则白2、4、6、8可以联络,白棋所得虽然很小,却是意想不到的收获,完全可以满足。

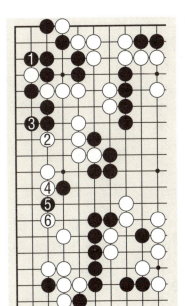

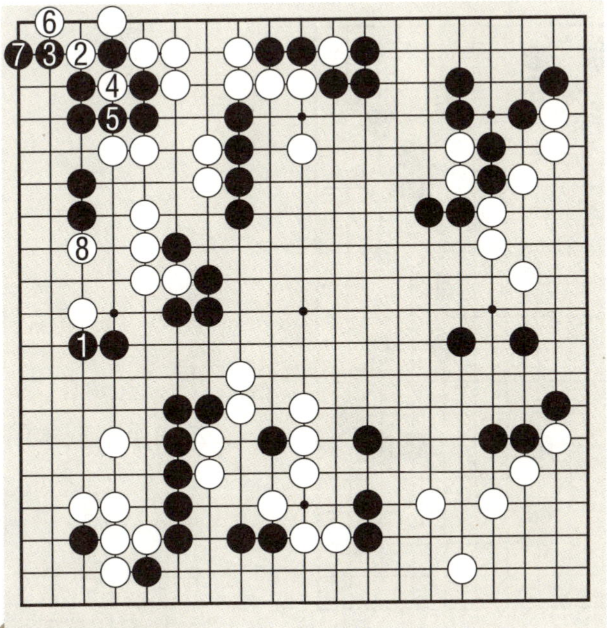

图3 变化

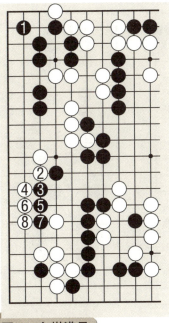

图4 白棋满足

图5 白棋舒服

图2中的黑1如果下成本图中的黑1挡,白2、4、6先手利用,非常舒服。黑棋无奈只好后退,之后白8靠,以后黑棋还须在左上角补一手棋。

图5 白棋舒服

图6 失败

白1如果联络，黑2扳，白3也扳，以下进行至白11，白棋只能于二路爬过。

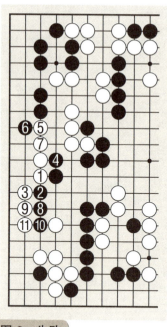

图6 失败

图7 白棋无理

图6中的白3如果下成本图中的白1夹则无理。黑2下立，白3必须应。其后黑4打吃、黑6长，能先手切断白棋，上边的白大龙危险。

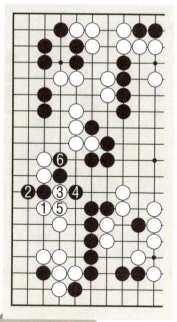

图7 白棋无理

图8 白棋大损

图6中的白3如果下成本图中的白1断不成立。黑2、4后，白5若断打，黑6立下，白棋大损。

图8 白棋大损

问题 4 ▶▶

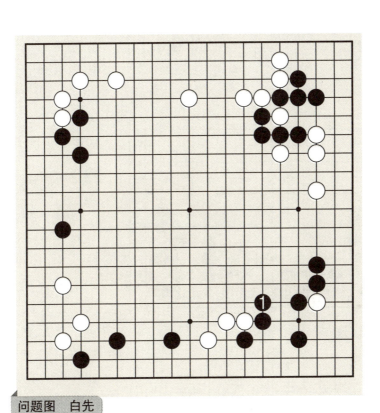

问题图　白先

棋局分析： 黑1长，意在攻击下边的白三子，白棋必须出逃。但白出逃之前，无论如何应先在右下角试应手，以期有所收获。请问白棋应如何在右下角下手？

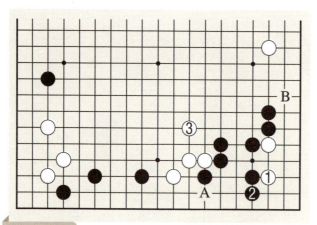

图1 正解

图1 正解

白1靠是意想不到的手法，黑如何补棋，的确大伤脑筋。黑2是最稳健的补法，但白3向中腹跳出后，白棋在A位的利用价值就体现出来了，而且在B位的官子也很有力。此后白B时，黑若脱先，白棋的手段请参见图4。

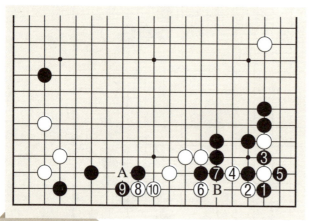

图2 黑棋不满

图2 黑棋不满

黑1如扳，白2断是手筋。黑3无奈打吃，白4、6利用后，白8托是妙手。黑9如果扳，白10拉回，此后白棋在A位断与B位渡过，必居其一。一手棋让白棋在这么小的范围内活出，黑棋肯定不满。

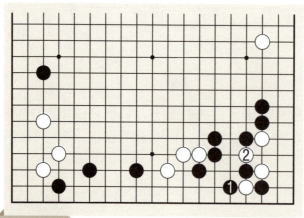

图3 变化

图3 变化

图2中的黑3如果下成本图中的黑1打吃，则白2反打后，黑棋的味道很坏。

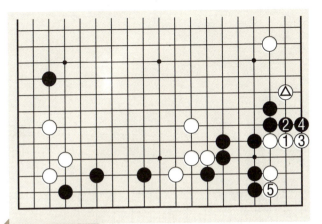

图4 后续手段

图4 后续手段

将来白△点时，黑棋若脱先，白棋有白1、3、5挡的手段，黑棋已吃不住角上白棋。因此，图1中的白1及后续变化，可以说是高难度的。

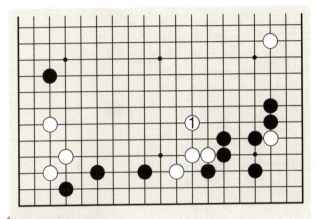

图5 过于平常

图5 过于平常

白1单跳是最平常的下法，此时黑棋可脱先，以后仍可瞄着攻击白棋，白棋不理想。

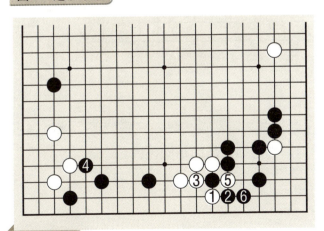

图6 失败

图6 失败

白1夹是普通的利用。黑2虎，白3时，黑4转换方向，白5提黑一子，黑6退回，白棋形势欠佳。

问题 5 ▶▶

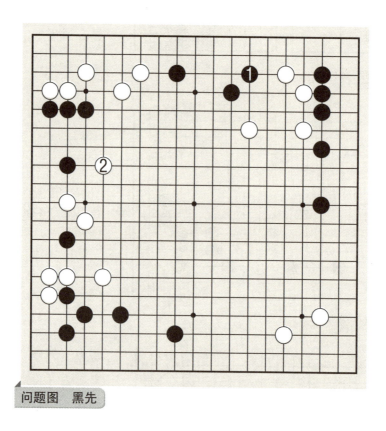

问题图　黑先

棋局分析： 黑 1 尖是好点。白 2 镇，攻击黑四子很舒服。此时黑棋应如何下？对左上角白棋的弱点如何利用是问题的关键。

图1 正解

黑1扳问白棋的应手,有人或许会问,这个时候怎么就开始收官了?其实黑1只是黑棋腾挪作战计划中的第一步。后续变化请参见图2。

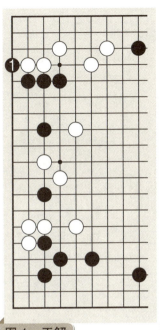

图1 正解

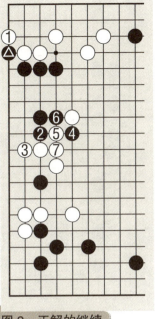

图2 正解的继续

图2 正解的继续

续图1,白1如果挡,黑2可以顶,白3下立,黑4跨出,白5挖,黑6打吃,白7接。

图3 试应手的作用

续图2,这个时候黑▲的扳可以发挥作用了。黑1挤是关键,白2接时,黑3是先手,再黑5打吃,白6长出,黑7贴住,白二子被吃。

图3 试应手的作用

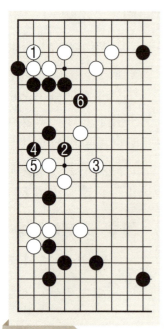

图4 变化

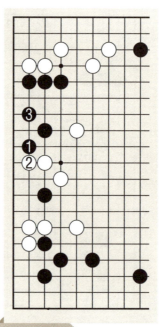

图5 失败

图4 变化

白1如退，则黑2、4后，黑6尖出，黑棋轻松地打开了局面。从气势上考虑，白棋不会想1位退。

图5 失败

黑1尖，其后黑3虎，黑棋可就地做活。但黑棋活得过小，黑子的效率不高。

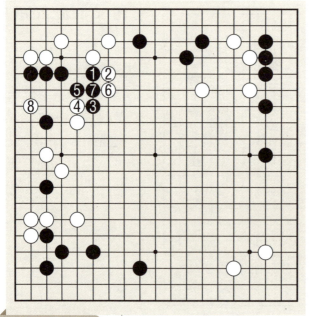

图6 黑棋难受

图6 黑棋难受

黑1靠后黑3跳虽可出头，但白4紧要，白6后白8点入攻击，黑棋很难受。

问题6 ▶▶

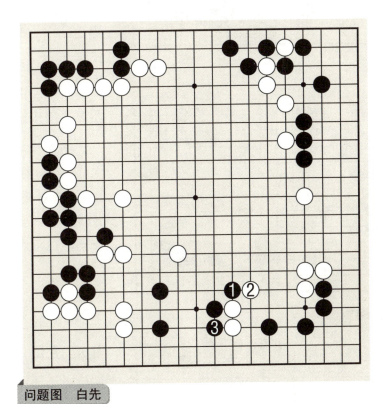

问题图　白先

棋局分析： 黑1、3是手筋，而白棋此时整形很困难。不过白棋如果能下出精彩的手筋来试应手，可以取得很好的效果。请问白棋的手段是什么？

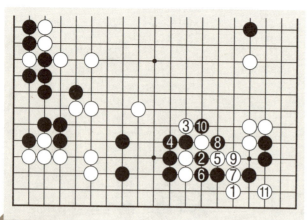

图1 正解

图1 正解

白1点中棋形的要害，其后白棋可根据黑棋的应对来决定下法。黑2断很具气势，白3、5先手利用后，白7冲，黑8、10虽提白一子，但白11吃住黑三子，白所得角地极大。

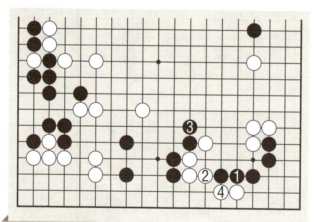

图2 白棋满意

图2 白棋满意

图1中的黑2如果下成本图中的黑1接，则白2顶，黑3长时，白4可拉回一子，白棋满意。

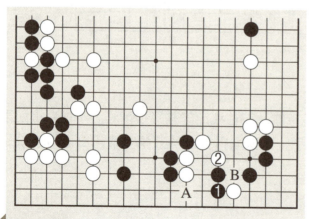

图3 变化

图3 变化

图1中的黑2如果下成本图中的黑1挡，则白2虎，以后白棋在A位和B位中必居其一。

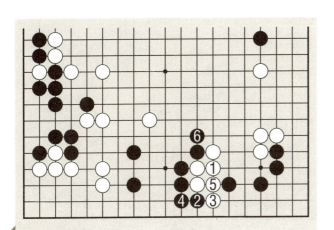

图4 愚形

白1如果接，则黑2、4扳接，白棋下成愚形，不能接受。

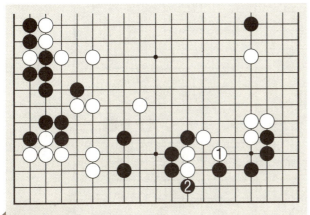

图5 渡过

白1虎时，黑2可以扳过，黑大获成功。

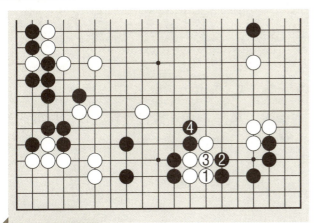

图6 白效率低

白1顶，黑2长时，白3必须接，白棋同样下成了愚形。其后黑4向中腹长，白子则效率太低。

问题 7

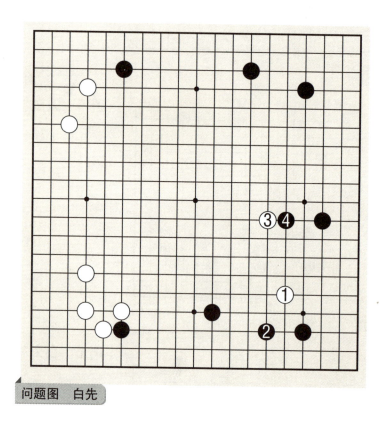

问题图　白先

棋局分析：白1、3在右边进入黑阵，黑4靠，意在强攻。白棋非常想把右边的局势搞乱，请问白棋应如何腾挪处理才能成功？

图1 正解

白棋在决定△子的行动方向之前，先白1碰是绝好的试应手，现在轮到黑棋思考了。

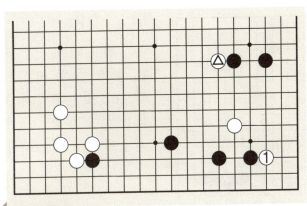

图1 正解

图2 正解的继续

续图1，黑1是强手，白2则扭断，黑3、5两打，白6先扳，待黑7后再白8长，看黑棋的反应。

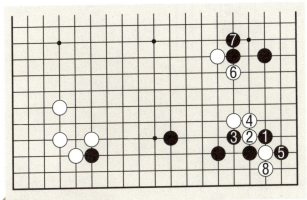

图2 正解的继续

图3 白棋成功

续图2，黑1接是本手。白2利用后，白4靠，以后白6反扳积极。黑7打吃，白8接。黑9确保吃住白二子时，白10挡住，然后白12接上，白棋的腾挪作战取得了成功。

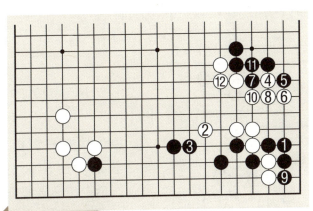

图3 白棋成功

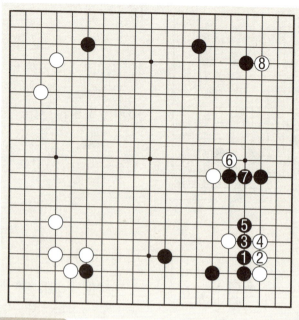

图4 变化

图4 变化

黑1如长,则白2、4先手活角,接着白6扳,黑7如果接,白8再靠,入侵右上角。

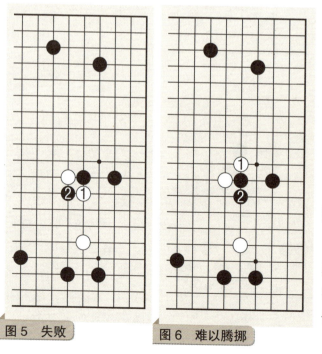

图5 失败　　图6 难以腾挪

图5 失败

白1扳虽是普通的下法,但黑2可以断,白棋两侧都弱,白作战不利。

图6 难以腾挪

白1从另一侧扳,黑2长后,白棋被分割。以后白棋再要腾挪便相对困难。

问题 8 ▶

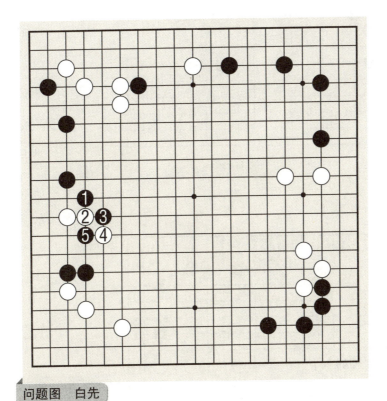

问题图　白先

棋局分析： 黑棋非常想吃住左边的白一子，于是黑1、3、5强攻。白棋在局部作战不利，请问白棋如何才能摆脱困境？

图1 正解

白1靠是手筋，白棋可利用弃子来作战。黑2如果扳，白3就反扳。黑4打吃，白5长，黑6打时，白7反打。至白9，白棋也吃住黑一子，白应无不满。

图2 黑棋苦战

图1中的黑6如果下成本图中的黑1接，则白2、4两打后，白6可以爬，黑棋的作战会很艰苦。

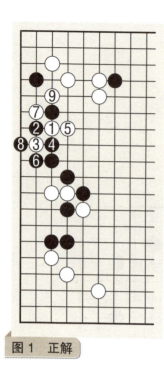

图1 正解

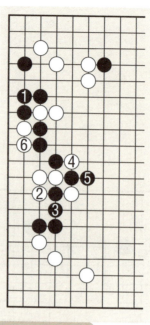

图2 黑棋苦战

图3 黑棋危险

续图2，黑1如果打吃，则白2、4、6之后，白8就地做活。由于外侧黑棋存在很多弱点，黑棋会有危险。

图3 黑棋危险

图 4　变化

图 3 中的黑 1 如果下成本图中的黑 1 扳吃白二子，则白 2、4 提黑一子是先手。其后白 6 出动一子，黑棋形太糟。

图 5　失败

白 1 靠错误，黑 2 扳后，黑 4 打吃，白棋没有任何手段。

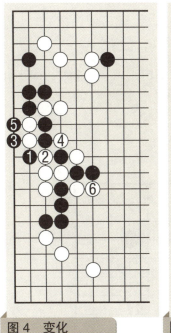

图 4　变化

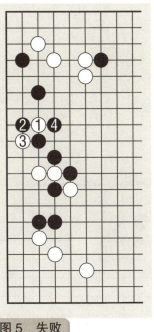

图 5　失败

图 6　白棋无理

白 1、3、5 竭力活棋无理，黑 6 当然挡，白 7 打吃时，黑 8、10 可把白棋包住。由于白棋缺少劫材，白棋的这种下法等于自杀。

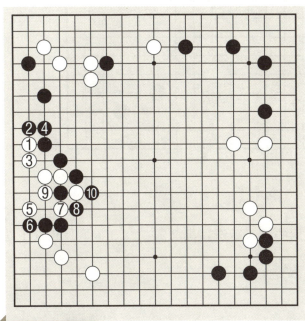

图 6　白棋无理

问题9

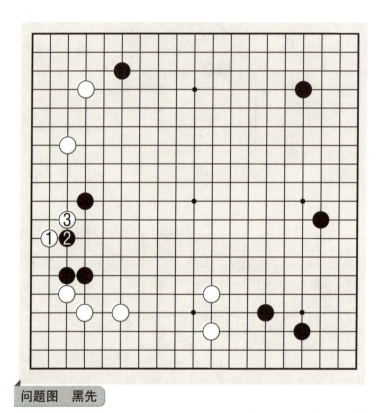

问题图　黑先

棋局分析： 白1是常用的打入手法，黑2靠、白3扳均是正常下法，请问黑棋应如何处理左边？

图1 中盘定式

黑1挡是最容易想到的。白2打吃后，白4渡过。黑5打吃，白6接，这是中盘定式的一种。

图2 点角

黑棋如果认为图1中的白棋实地太大，而黑1下出试应手，也可以考虑。后续变化请参见图3。

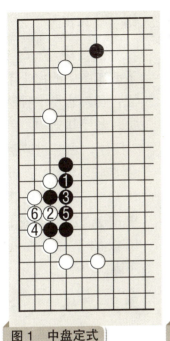

图1 中盘定式　　图2 点角

图3 黑棋满意

续图2，白1打吃很具气势，黑2则扳过，黑棋可以达到预期的目的。白3挡，在一定程度上可以保护下边，但黑4立守角，结果白棋下边仍漏风。其后白5跳，局部仍是白厚，只是白△子的位置多少有点不好。黑棋可以满意。

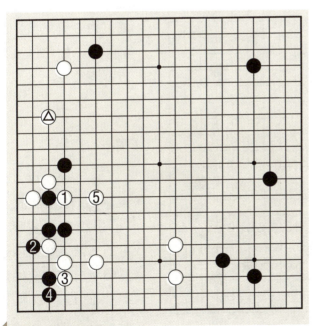

图3 黑棋满意

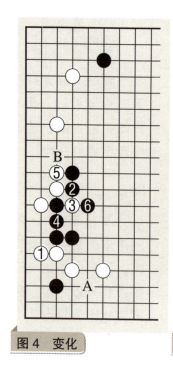

图4 变化

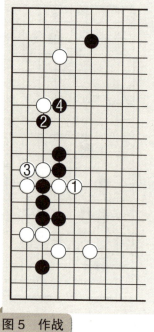

图5 作战

图4 变化

图3中的白1下成本图中的白1下立,虽然也是一种感觉,却不是好棋。黑2挡住,白3打吃后白5长,黑6则吃住白一子。以后黑棋有A位活动或B位扳的手段,白棋不满。

图5 作战

图4中的白5如果下成本图中的白1长出,则黑2靠是手筋。白3只好接,黑4再扳,如此作战双方都有负担。

图6 黑棋满意

图4中的白1如果下成本图中的白1,黑棋则选择图1中的下法,结果由于黑▲与白1的交换是黑棋便宜,故黑棋满意。

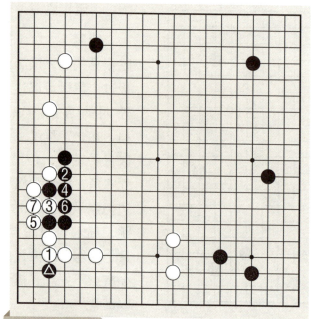

图6 黑棋满意

问题 10 ▶▶

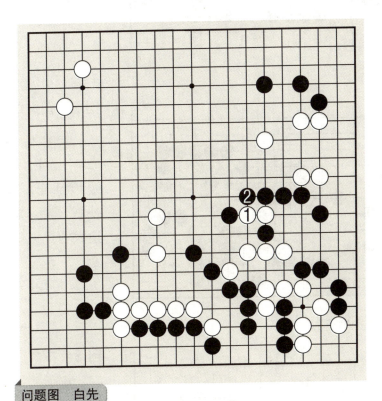

问题图　白先

棋局分析： 右下角一块白棋为了做活，做了白1与黑2的交换。目前活棋并不难，但要做到先手活则不容易。白棋欲利用右边黑棋联络不完全的弱点，先手做活，然后转至左边投子，请问白棋能达到这一目的吗？

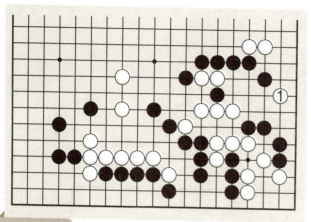

图1　正解

白1点是绝妙的时机选择,根据黑棋的应法,白活棋的方法也不同。后续变化请参见图2。

图1　正解

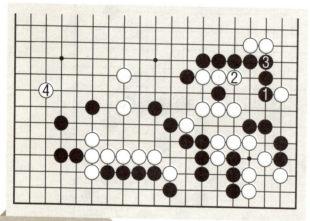

图2　正解的继续

续图1,黑1挡是本手,白2长后已有效地活出。黑3如果补棋,白4可占据左边大场。

图2　正解的继续

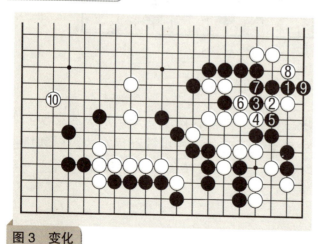

图3　变化

黑1如挡,则白2长弃子是巧妙的下法。其后白4冲,白6、8先手利用,白棋已活,白10得以转向左边,白棋成功。

图3　变化

图4 黑棋贪心

黑1如企图吃白大龙，则是黑棋的痴心妄想。白2后，黑四子反而成为白棋的俘虏。

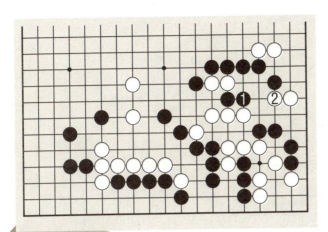

图4 黑棋贪心

图5 失败

白1做眼活棋，黑2则跳，威胁中腹的白棋，并扩张左边的领土，以后黑棋还有A位或B位的利用。

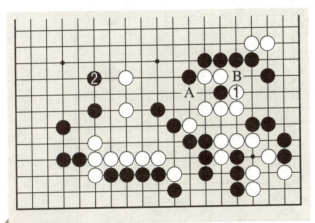

图5 失败

图6 白棋不满

白1吃住黑一子活棋，但黑2和黑4先手利用后，黑6再跳，仍是白棋不满。

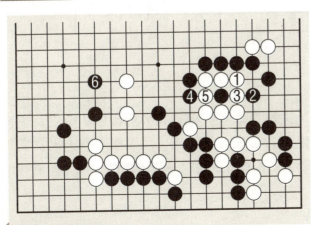

图6 白棋不满

问题 11

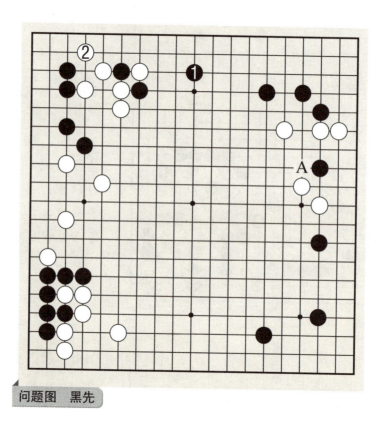

问题图　黑先

棋局分析：序盘的布局进行得非常平稳。黑1拆，白2小尖，迫使黑棋在左上角应。目前黑棋在A位长非常诱人，故黑棋不想老老实实地在左上补棋，但左上角的死活又不能出现问题。请问黑棋如何才能有效地应付白2的挑战？

图 1　正解

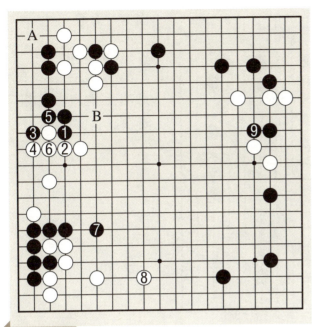

黑 1 冲是好选择，白棋是挡还是退，很让白棋为难。白 2 如果挡，黑 3 夹是先手，黑 5 打后，黑 7 先跳出，白 8 如果在下边拆，黑 9 终于争到长，由此黑可主导大势。此时左上角白若 A 位跳入，黑可 B 位关出，故黑已无顾虑。

图 1　正解

图 2　变化

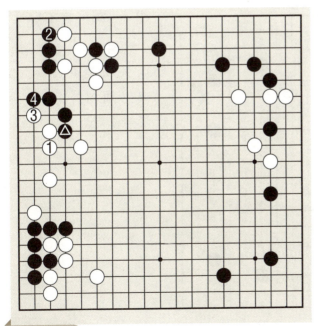

白 1 如退，则黑 2 挡，白 3 尖，黑 4 挡。结果是黑▲与白 1 的交换，黑棋便宜。假设先有了白 3 与黑 4 的交换，黑再▲位冲时，白棋绝不会下 1 位。

图 2　变化

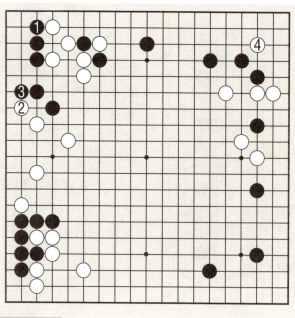

图3 失败

图3 失败

黑1如果挡，白2先手利用后，白4点右上角，白行棋节奏快。

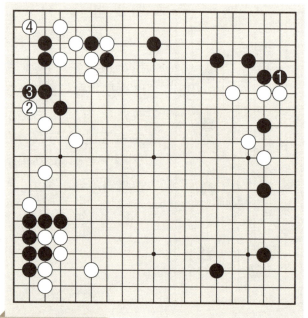

图4 黑形势不好

图4 黑形势不好

黑1抢占实地，白2、4展开攻击，黑棋必须向外逃跑，黑形势不好。

问题 12

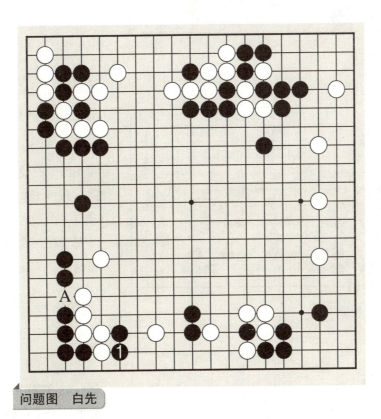

问题图　白先

棋局分析： 黑 1 挡，威胁下边白若干子。白棋则瞄着 A 位的利用，以减少损失。请问白棋如何有效地腾挪作战？

图 1　正解

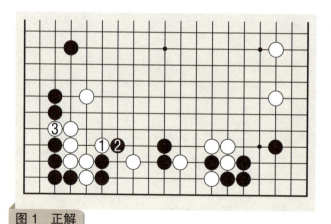

图 1　正解

白 1 扳头，黑 2 必应，白 3 再冲是重要的行棋次序。后续变化请参见图 2。

图 2　正解的继续

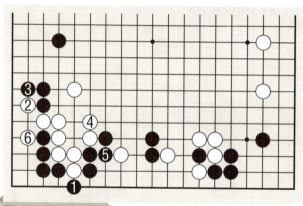

图 2　正解的继续

续图 1，黑 1 如果渡过，白 2 扳，黑 3 挡，白 4 长，黑 5 必须接，白 6 虎，白棋成功破掉了黑空，白可满足。

图 3　黑棋不行

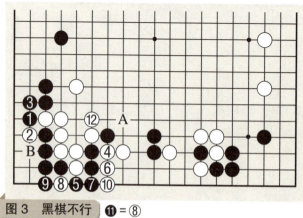

图 3　黑棋不行　⑪=⑧

黑 1 如挡，白 2 就毫不犹豫地断。黑 3 如果接，白 4、6、8、10 连续先手，至白 12 长，此后白棋在 A 位和 B 位中必居其一，黑棋不行。

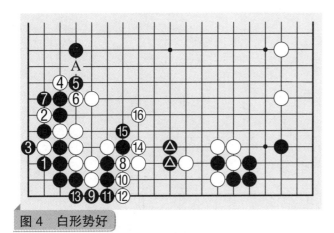

图 4　白形势好

图 4　白形势好

黑 1 如打，白有 2、4、6 先手利用的手段，其后白 8、10、12、14 仍是先手，至白 16 封，白吃住黑二子。重要的是，白棋还有 A 位的手段，而黑▲二子却很难摆脱白棋的包围，白形势好。

图 5　失败

图 1 中的白 3 如果下成本图中的白 1 断，黑 2 渡过后，白 3 再冲，则黑 4 打吃，白棋无法应了。

图 5　失败

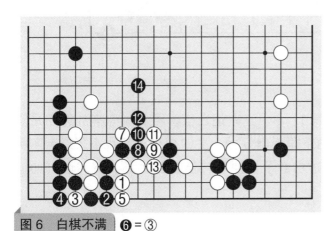

图 6　白棋不满

图 5 中的白 3 如果下成本图中的白 1 打吃，则黑 2 接，白 3、5 虽舒服，但黑 6 接后，白棋缺少好手段。白 7 如果打吃，以下进行至黑 14，黑棋的实地太大，白棋不满。

图 6　白棋不满　⑥=③

问题 13 ▶▶

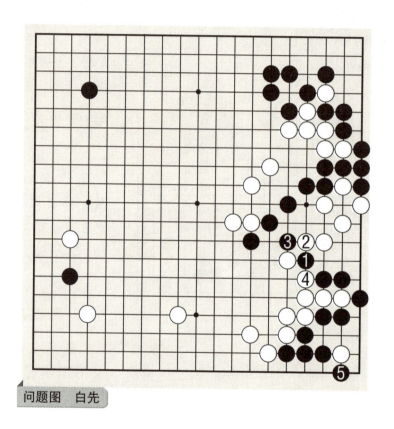

问题图　白先

棋局分析： 与其说是黑1、3想吃右边白棋，不如说黑棋的意图是黑3先手虎，其后黑棋为活右下角而黑5扳。此时白棋当然也不想老老实实地补棋，若能先手救出右边白数子，便可转至左边大场。请问白棋如何才能实现此目的？

图1 正解

白1尖是巧妙的试应手，令黑棋苦闷。黑2如果打吃，白棋则可脱先，白3补左下角。其后黑4如果接。白5、7打吃后，黑棋接不归。

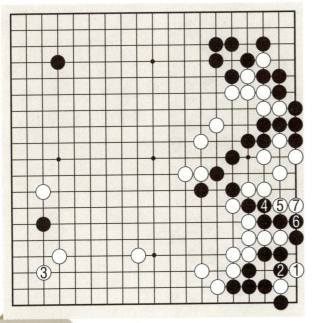

图1 正解

图2 变化

黑1如接，则白2点、4挡，其后黑棋若脱先，于黑5在左下点角，经白A、黑B、白C后，角上成为劫杀。

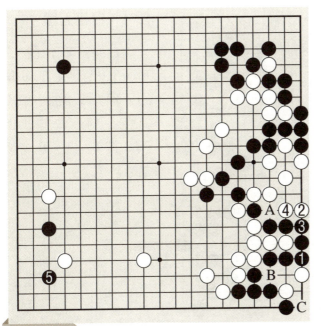

图2 变化

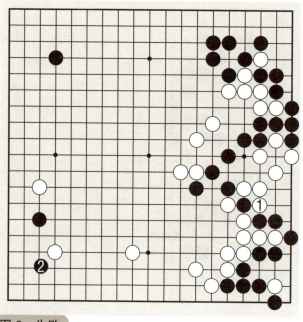

图3 失败

图3 失败

白1直接提黑一子，虽最容易把握，但黑2在左下点角后，黑棋在局面上占优。

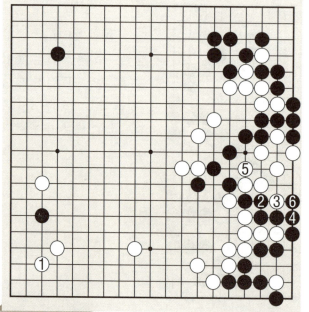

图4 白棋无理

图4 白棋无理

白棋在右边脱先，白1直接下在左下角则无理。黑2接，白3打吃，白5做眼，但黑6打吃，这里成了劫杀。

问题 14 ▶▶

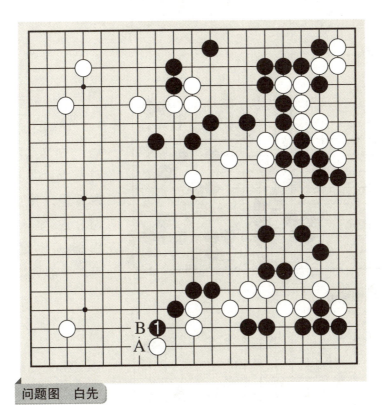

问题图　白先

棋局分析： 黑 1 强攻白大龙，白棋拼死一搏。白棋在处境危险的情况下，如能下出妙手，会使黑棋失色。白棋很想选择在 A 位挺头，或在 B 位扳，请问白棋如何下，才能达到目的？

图1 正解

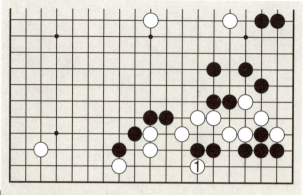

图1 正解

白1是令高手们都想象不到的妙手。后续变化请参见图2。

图2 正解的继续

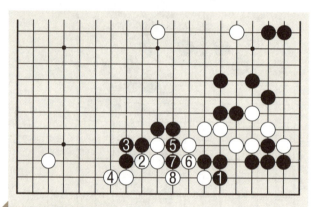

图2 正解的继续

续图1，黑1如果挡，白2、4的下法便可成立。黑5如果冲，白6退，黑7继续冲，白8虎挡很精彩。白棋能下出如此妙手，连对手都会惊叹。

图3 变化

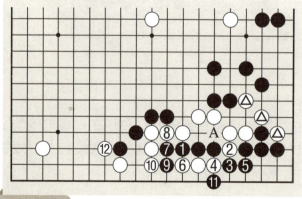

图3 变化

黑1如冲，则是帮白棋下棋。白2冲后，白4断，黑5被迫补棋，其后白6爬一下又是手筋。白8、10先手利用后，白12扳出。由于白A已是先手，因而黑棋已无法将右边白△三子切断。

图4 黑棋不行

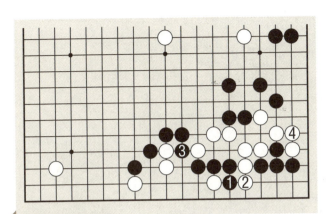

图4 黑棋不行

图3中的黑3如果下成本图中的黑1拐下，虽是最顽强的反击，但白2冲后，白4接，黑角反而死掉。

图5 失败

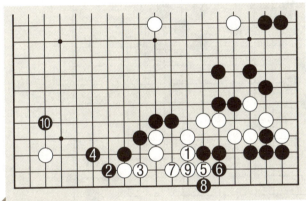

图5 失败

白1双，白棋虽可做活（至白7做眼），但黑8先手打后，黑10在左下角夹击，白棋大损。

图6 白棋困难

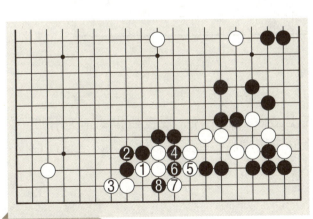

图6 白棋困难

白1挤后白3长是无理的下法，黑4、6冲后，黑8打吃，白棋困难。

问题 15

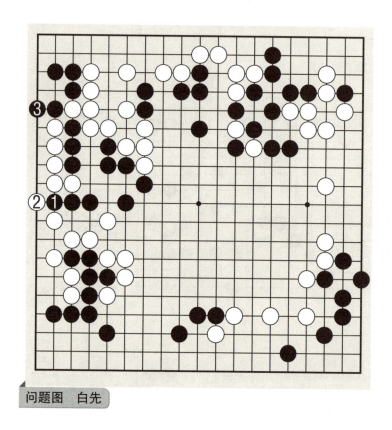

问题图　白先

棋局分析： 黑1、3在上边做活很干净，现在白棋的前途有点不好说。白棋的想法是先手将上边下干净后，转至下边侵消黑阵。请问白棋有没有试应手的妙手，而能达到预期的目的？

图1 正解

白1问黑棋的应手是正确下法。这手棋考虑到以后白A的先手利用，更主要是根据黑棋的应对来决定下一手。此后的变化请参见图2。

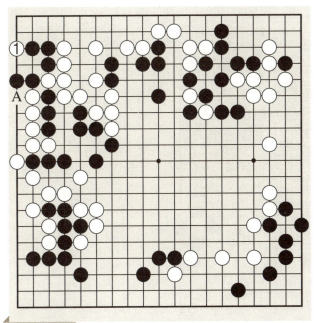

图1 正解

图2 正解的继续

续图1，黑1应是局部的本手，白2则飞。黑3向中腹跳，白4下立。在补弱点的同时，接着问黑棋的应手。此时黑如B位挡，白C是先手，这对左边白大龙活棋大有帮助，因此黑棋宁愿承受官子的一些损失，而于5位提白一子。

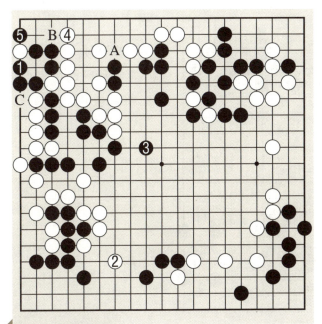

图2 正解的继续

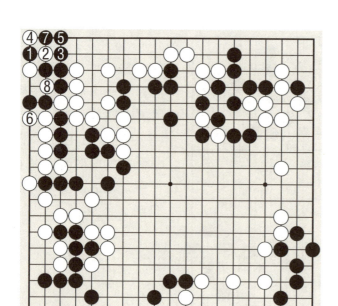

图3 变化

图3 变化

黑1如打吃，白2可以反打，黑3反打，白4提黑一子，此后黑5下立，白棋则开心地白6挡，白8吃住黑二子，黑棋大损。

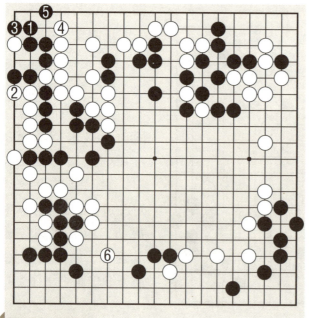

图4 先手利用

图4 先手利用

黑1如补，白2、4先手利用很厉害，白棋将两块棋都下好后，再白6侵消黑阵。

图 5 白棋形势好

黑 1 如立，则白 2 应，至黑 9，角上双方下成双活。白棋将两块棋都走好后，再白 10 抢先动手，白棋形势好。

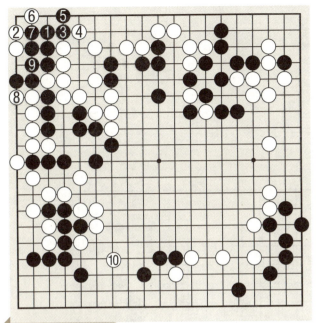

图 5 白棋形势好

图 6 失败

白 1 先手挡，黑 2 立，白棋在实地上已受损，而且白棋还有 A 位被冲断的弱点。

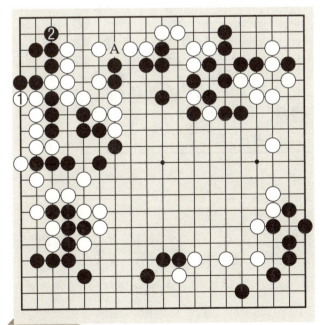

图 6 失败

问题 16 ▶▶

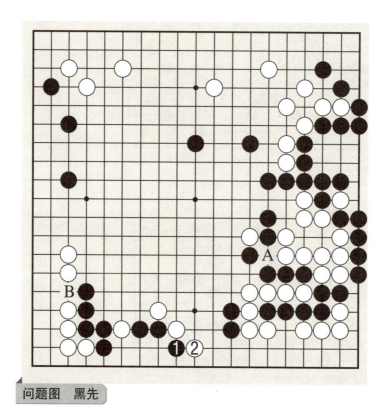

问题图　黑先

棋局分析： 由于下边的黑棋还未活，于是黑1扳，试图与右边二子联络。白2连扳，强行切断。白2下在A位断也是很凶的下法。白2时，黑棋很不好应。高手们常说，棋在不好下时，干脆就不下。因此，此时黑棋应把注意力放在白棋B位的弱点上，至于其原因，请读者想一想。

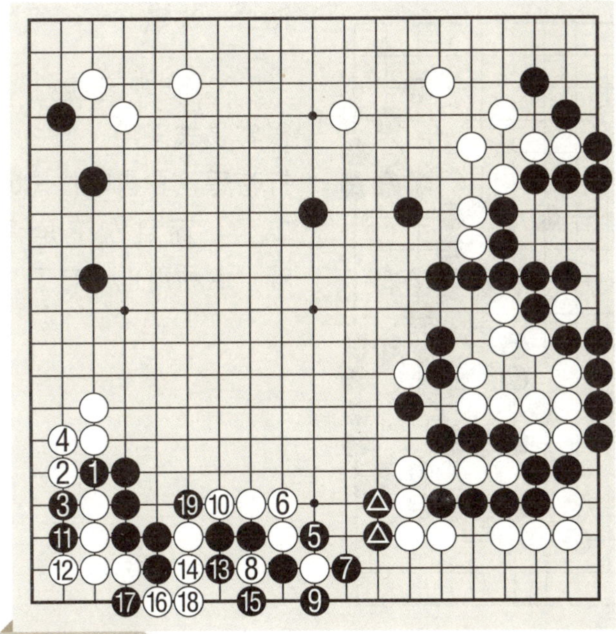

图1　正解

图1　正解

黑1、3冲断是很好的时机选择，此时白棋很不好受。白4如果接，黑棋又回过头来黑5打吃，白6接，黑7、9打拔一子。白10打时，黑11爬，白12如果挡，黑13、15拐吃白一子后，黑17扑，其后黑19断打，黑棋便可充分发挥黑3和黑11的作用了。

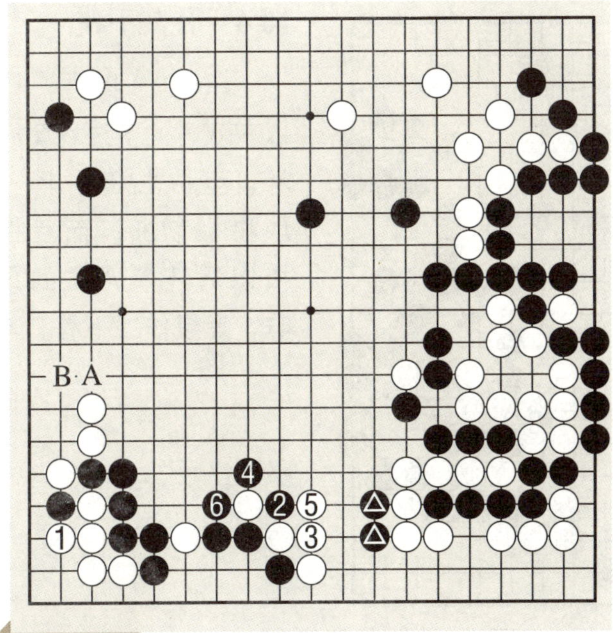

图2　变化

图2　变化

图1中的白4如果下成本图中的白1打吃，则黑2、4连续打吃，至黑6提白一子，黑棋可以满足。此后黑棋有A位或B位的利用。

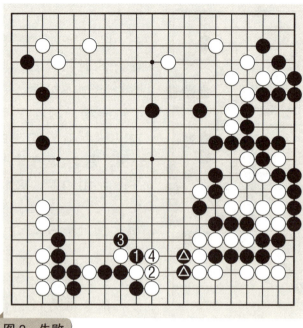

图3 失败

图3 失败

黑1、3连续打吃很容易被采用，但白4打吃后，白棋吃住黑▲二子，而且左下角黑就一点利用也没有了。

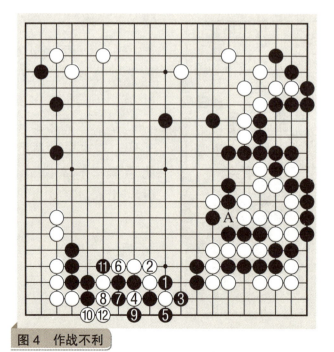

图4 作战不利

图4 作战不利

黑1、3打吃，则以下双方的下法均属必然，至白12连，黑一块棋被切断，而且白棋以后还有A位的余味，黑棋作战不利。

问题 17 ▶▶

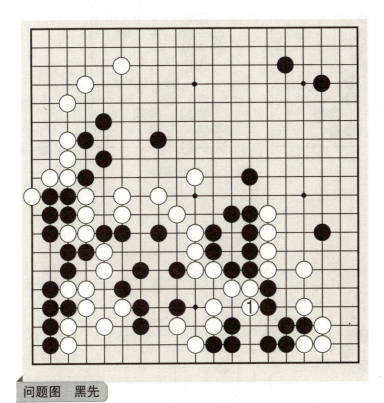

问题图　黑先

棋局分析： 白1冲，下边黑棋只能被迫后手做活，黑棋看起来已别无选择。但右下角的白棋还较薄弱，黑棋如能在右下角巧妙下出试应手，黑棋在活棋之前就可以有所收获。请问黑棋应如何着手？

图1 正解

黑棋在下边做活之前，先黑1问应手是正确的选择。后续变化请参见图2。

图2 正解的继续

续图1，白1是很坚实的下法，黑2则挡，接着黑4做眼，结果黑▲与白1交换黑棋占了便宜。

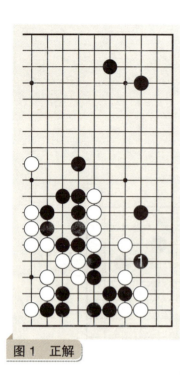

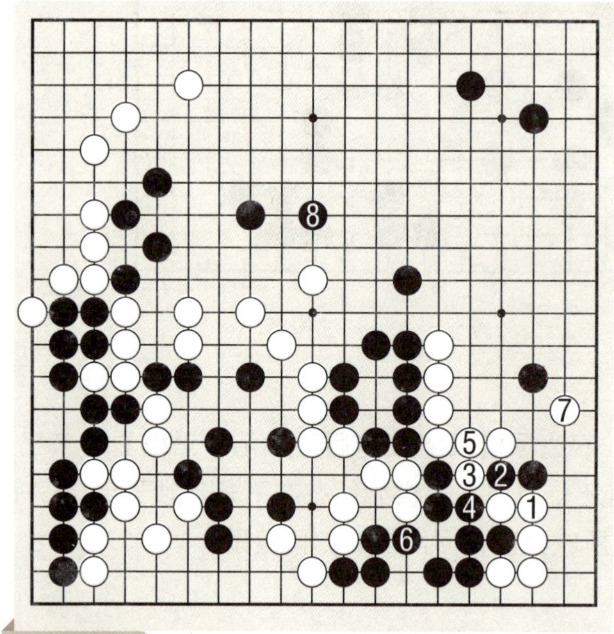

图1 正解

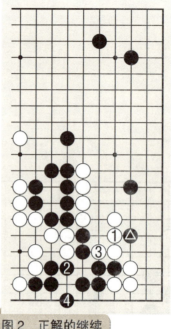

图2 正解的继续

图3 变化

白1如接，则黑2冲是好棋。白3断，黑4打吃后，黑6做活，白7不可不补，黑8则跳，结果黑好。

图3 变化

图4 白棋无理

白1如试图吃下边黑棋，则是白棋无理。黑2断后，黑4扳，右下角白三子反而被黑吃住。

图5 大同小异

白1如挡，则黑2冲，白3如果接，黑4下立，其后白5断，黑6打吃后黑8做活，结果与图2大同小异。

图6 失败

黑1挡，其后黑3被迫做活，黑棋肯定不舒服。

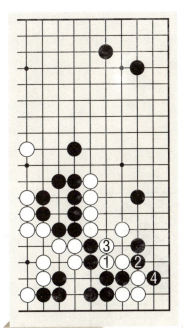

图4 白棋无理

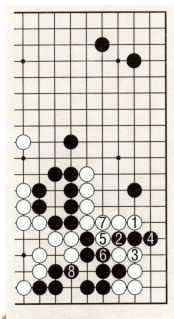

图5 大同小异

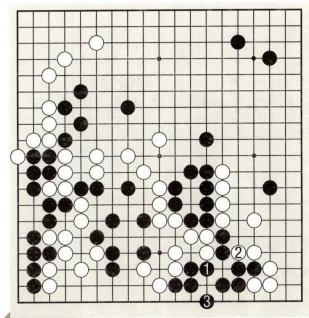

图6 失败

问题 18

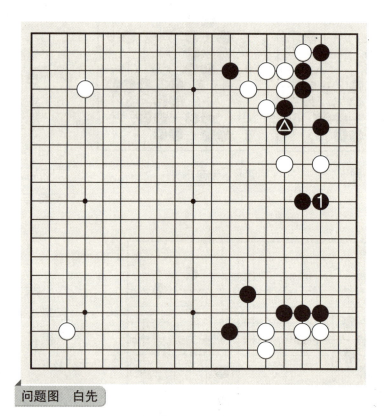

问题图 白先

棋局分析： 黑 1 立，攻击右边的白二子。黑 1 当然还有一层意义，即先把空围起来再说。由于黑▲子的存在，白棋的选择很困难。此时白棋该怎样问黑棋的应手，并成功逃出二子？

图1 正解

白1断，准备利用弃子。白下出此手后，可以根据黑棋的选择，有效地处理自身。黑2如果打吃，白3可试图联络。

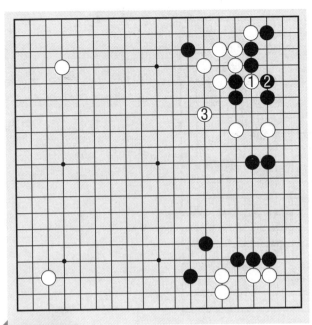

图1 正解

图2 正解的继续

续图1，黑1、3切断是局部最有力的下法。但由于有白⊙的存在，白4退是先手，黑5自补，白6可出头作战，右边的白四子不易受攻。

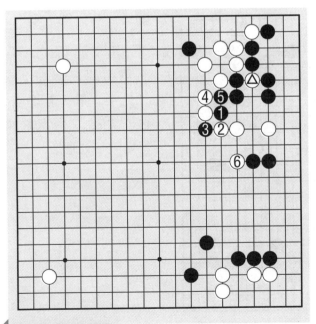

图2 正解的继续

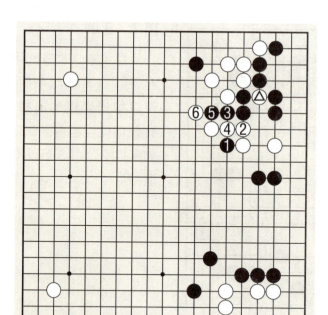

图3 变化

黑1如搭，白2可以顶，黑3冲时，白4切断黑一子，黑5长，白6扳住，白棋成功。

图3 变化

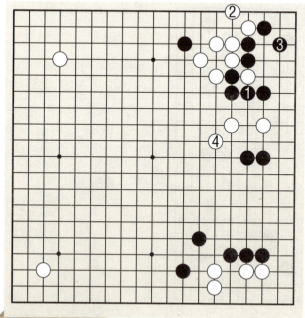

图4 两边都走到

黑1如打吃，局部虽很厚，但白2成了先手。黑3补弱点，白4尖出，白两块棋都得到了处理。

图4 两边都走到

问题 19 ▶▶

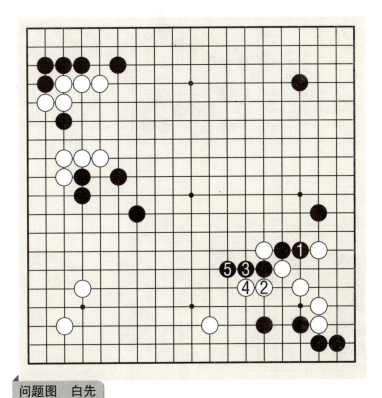

问题图　白先

棋局分析： 黑1顶，准备攻击右边的白棋。白2打吃，黑3长，白4跟着长，黑5也长，其后右边白棋的行动有些困难。不过幸运的是，右下角的黑棋有些弱，因此白棋如能巧妙地利用试应手，完全可以一战。请问白棋应从何处着手？

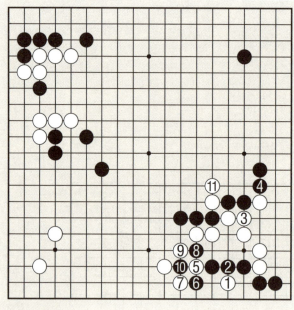

图1 正解

图1 正解

白1点就是巧妙的试应手。白棋如果没有这一手段，那么之前走的几步棋可以说是错误的。黑2接也是唯一的下法，其后白3挡，黑4顶，白5靠是时机。黑6扳反击，白7扳强硬，黑8打吃时，白9做劫，其后白11刚好是劫材，黑棋则缺少劫材。

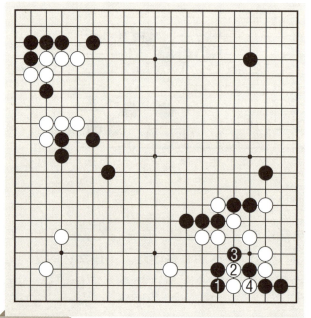

图2 变化

图2 变化

黑1挡无理，白2冲、4断，黑棋大败。

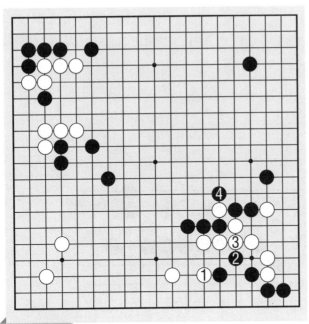

图3 失败

白1靠过于普通，黑2先手利用后，黑4吃住白一子，黑棋成功。

图3 失败

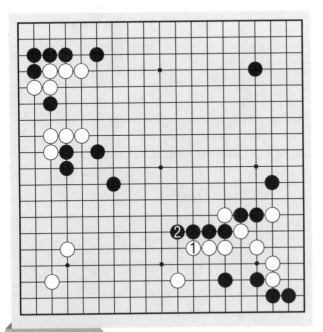

图4 黑棋厚势

白1继续长则是在帮对方下棋。黑2当然长，中腹的黑棋会越来越厚。

图4 黑棋厚势

问题 20

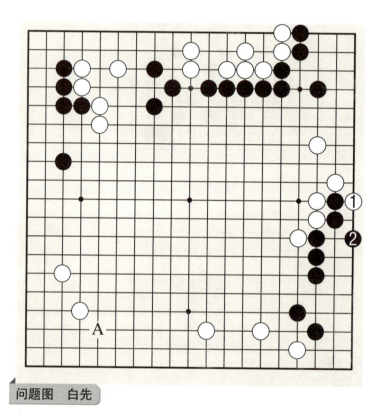

问题图　白先

棋局分析： 白1扳，意在安定右边的白棋，黑2补。现在白棋非常想在安定右边的同时，又在左下角的A位补。但事实上白棋不可能同时下两手棋，因此白棋只能追求右边先手告一段落。目前，在右上角问黑棋应手的可能性是存在的，请问白棋有好下法吗？

图1 正解

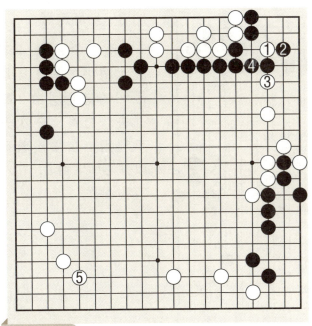

白1靠，问黑棋的应手，有点让黑棋不知所措。白1先做准备工作，并非突发奇想。黑2补虽是最佳防守，但不可避免地被白3利用。其后黑4补棋时，白5补角。白棋之所以敢于在右边脱先，全是白1后白3先手靠的功劳。

图1 正解

图2 变化

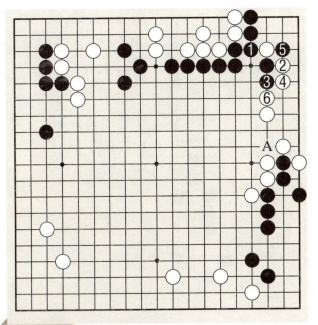

黑1如接则已经自损，白2扳可以成立，黑3长，白4爬，黑5打吃，白6顶住，白棋有效地防备A位的弱点，虽落后手，但收获很大。

图2 变化

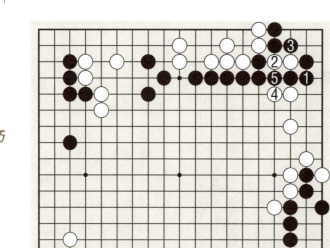

图 3 最坏选择

图 3 最坏选择

图 1 中的黑 4 下成本图中的黑 1 接是最坏的选择。白 2 断进去，白 4 又一次先手利用，白棋接着可以开心地下白 6，在左下补角了。

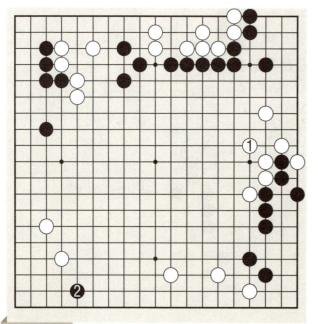

图 4 失败

图 4 失败

白 1 补棋，虽是稳健的下法，但黑 2 在左下打入，双方在实地上又会趋于平衡，白棋非常可惜。

第5章
制造劫材的试应手2型

问题1

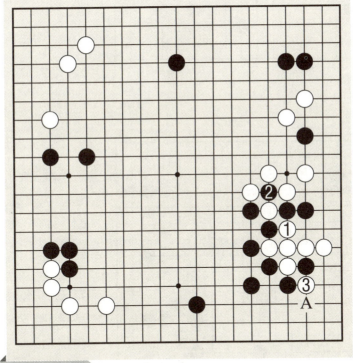

问题图　黑先

棋局分析： 白1打吃，其后白3使用劫材，黑棋如果在A位应劫，白棋就提劫，而黑棋却缺少劫材。因此黑棋需要准备一些劫材，请问能让白棋困惑的第一手棋在何处？

图1 正解

在缺少劫材的情况下，应设法创造出劫材。黑1挤，问白棋的应手，就是为了创造劫材。

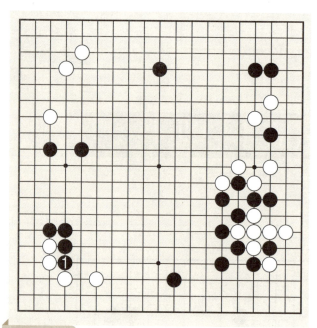

图1 正解

图2 正解的继续

续图1，白1提劫，黑2毫不留情地断。白3如果打吃，黑4长，白棋为活角，下了白5，黑6准备弃子。此时白7消劫是最佳下法，但黑8也提白一子。白9打，扩张右下角，黑10围大空也是正确的下法。

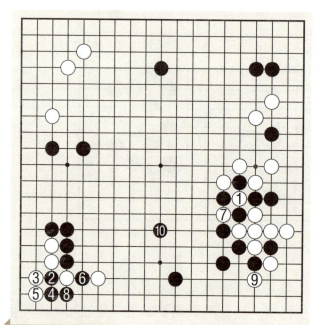

图2 正解的继续

图3 变化

白1如接,则黑2打吃。白3如果提劫,黑4是绝好的劫材。白5消劫,黑6分断,白7扳求活,至黑10退,结果黑棋的势力非常强大。

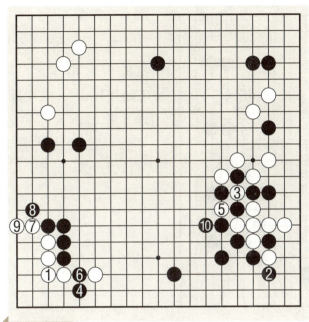

图3 变化

图4 继续打劫

图2中的白7如果下成本图中的白1活角,则黑2打后黑4提劫,双方又开始打劫。其中,黑4下在A位打吃不好。

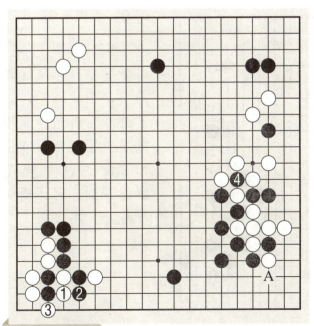

图4 继续打劫

图5 失败

黑1粘劫，白2打吃价值相当大。黑3如果冲，则白4扳，黑5断时，白6打吃可行，由此可见黑3的价值不大。

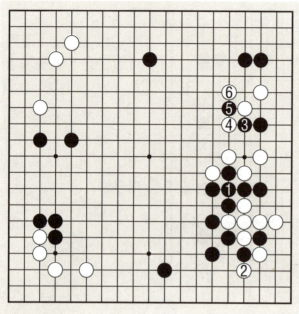

图5 失败

图6 黑棋不满

黑1如果打吃，白2提劫，黑3这时再挤，白4消劫，以下进行至白12，黑棋虽是先手，但黑A位和B位这两手棋不能都下到，因此黑棋不满。

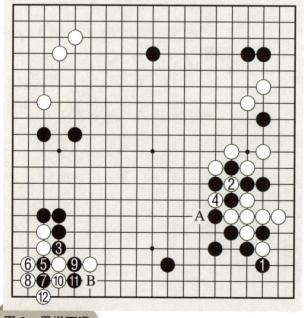

图6 黑棋不满

问题2

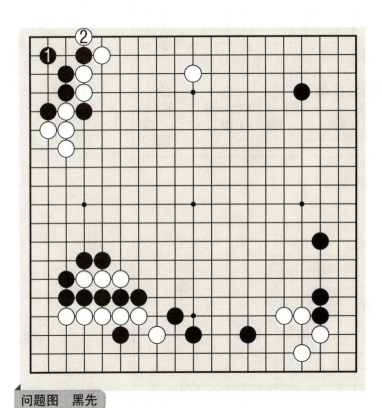

问题图 黑先

棋局分析： 黑1虎，白2打吃，黑想活角，多半要靠打劫。请问现在双方的劫材如何？黑棋又应如何寻找劫材？

图1 白棋的意图

黑1做劫材，白2提劫，并且白准备万劫不应。黑3扳，黑5打吃，白6则靠，白8接。其后白10虎，黑11打吃时，白12反打。黑13提，白14打上去，白棋可以在下边作战。

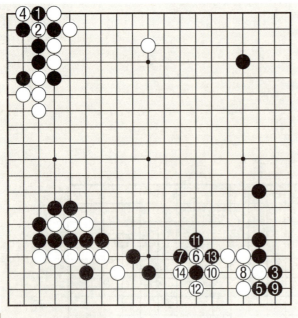

图1 白棋的意图

图2 消劫

图1中的黑3如果下成本图中的黑1寻劫，白2也消劫。黑3扳时，白4托，黑5挡，白6断。其后黑7打吃，白8、10、12连打，白14再拉回一子，白棋可以在下边做活。

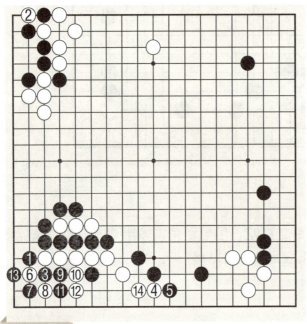

图2 消劫

图3 正解

黑棋不在左上角下棋，而是黑1在右下角扳，制造劫材是要领。后续变化请参见图4。

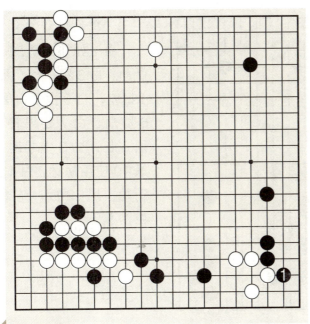

图3 正解

图4 黑棋便宜

续图3，白1直接提子，不与黑棋打劫，黑2则在右下角打吃。由于黑A未与白B交换，黑棋略便宜。

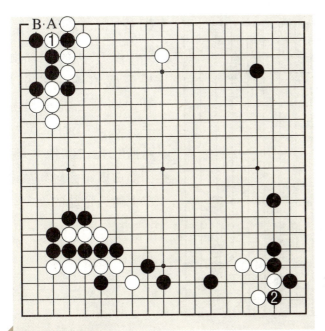

图4 黑棋便宜

图5 变化

白1如补,黑2则做劫。白3提子时,黑4打吃,白5提子,黑6提劫。白7如果接,黑8长,白9提劫时,黑10使用劫材。白11消劫,黑12扳,结果白棋不及图2。

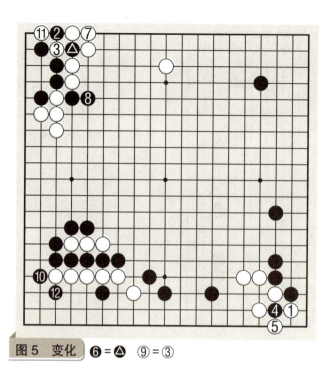

图5 变化　⑥=▲　⑨=③

图6 黑可脱先

图5中的白7如果下成本图中的白1补,则黑2提子是先手。白3打时,黑棋可脱先抢占其他大场。因而白棋不会轻易放过左上角这个劫的。

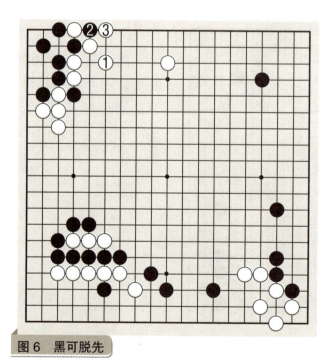

图6 黑可脱先

第6章
官子中的试应手3型

问题1

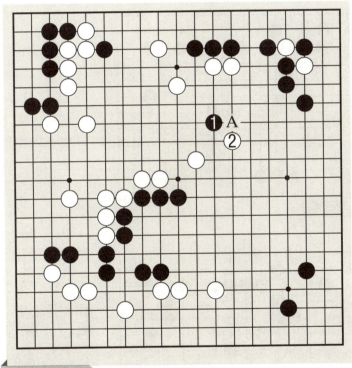

问题图　黑先

棋局分析： 黑1侵消中腹的白空，白2封，其后黑棋可以在A位出头。但上边一带的白棋比较虚，黑棋在A位出头之前有便宜可占。请问黑棋正确的下法是什么？

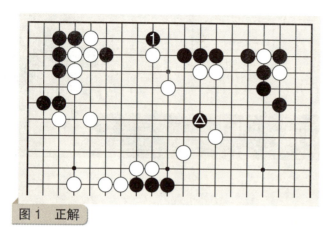

图1 正解

在黑△出头之前，黑1托，问白棋的应手是绝好的机会，此时白棋反而不好应。后续变化请参见图2。

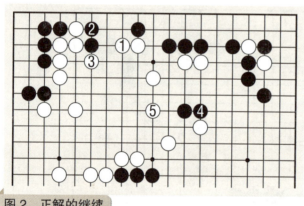

图2 正解的继续

续图1，白1必须补棋，黑2挡又是手筋，白3扳时，黑4出头，白5必须补，结果白棋受损。

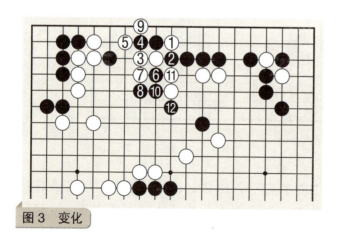

图3 变化

白1如外扳则无理。黑2断，黑4爬，白棋在气势上须白5扳，但黑6扳可以成立。白7如果拐，黑8连扳，白9吃黑二子，黑10接，白11断时，黑12扳，白四子危险。

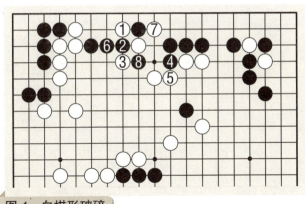

图4 白棋形破碎

图4 白棋形破碎

白1内扳也无理。黑2断,极其严厉。白3如果打吃,黑4先手,然后黑6接,至黑8断打,白棋形破碎。

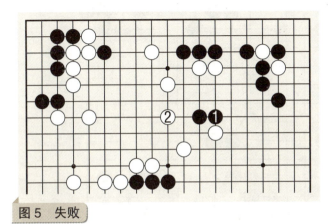

图5 失败

图5 失败

黑1如果逃出,白2围,此时黑棋虽不能说形势不利,但至少可以说没有抓住胜机。后续变化请参见图6。

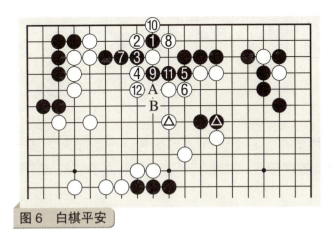

图6 白棋平安

图6 白棋平安

续图5,黑▲和白△交换后,黑1再托时,情况就不同了。白2扳可以成立,黑3、5、7、9还这样下,白10提黑一子,黑11接,白12补,白棋平安无事。以后黑A冲,白B挡即可,由此可见黑▲和白△交换是大恶手。

问题 2 ▶

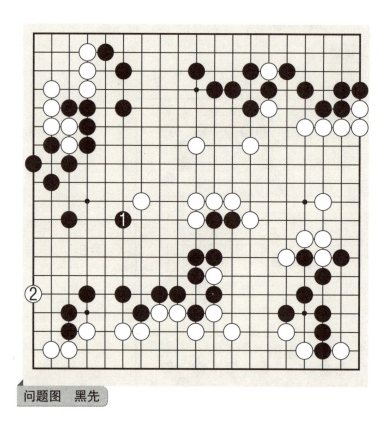

问题图　黑先

棋局分析： 黑1在中腹补棋，白2大飞，目前的进行看起来均是当然的。如果黑棋能下出正确的试应手。完全可以占取一些官子便宜。请问黑棋正确的下法是什么？

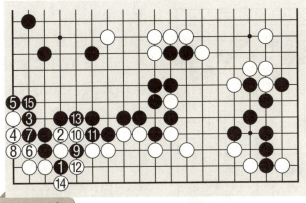

图1 正解

图1 正解

黑1断正确，正常情况下黑1很可能是坏棋，但在本图中，却是正确的。黑1时，白2是最佳下法，以下至黑15必然，黑棋可以完全挡住左边。由于黑11和黑13的先手打吃，黑棋占了便宜。

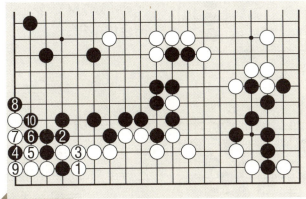

图2 变化

图2 变化

白1打吃则是最温柔的下法，被黑2打吃，白棋不舒服。以下进行至黑10，都无可挑剔。

被黑2打吃白棋不好的理由请参见图3。

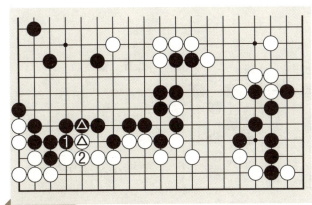

图3 差别

图3 差别

本图可看作是白△和黑▲先交换，此时黑1与白2的交换，白显然吃亏。实质差距虽只有半目，但在精神上的差别却在1目以上。

图4 白棋不行

白1是最强的应手，但由于目前黑棋整体厚实，而白棋比较薄弱，因而白1无理。以下至黑8，白棋被连续打吃。正常情况下，白棋在A位开劫，黑棋的负担要比白棋大，但目前的形势是，黑棋的劫材很多，因而白棋不行。

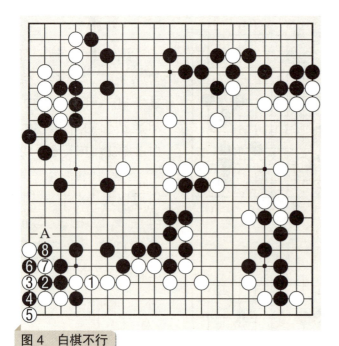

图4 白棋不行

图5 变化

白1如虎，以下进行至黑8，白棋也困难。结果与图4大同小异。

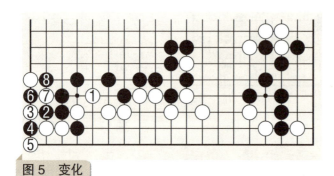

图5 变化

图6 失败

黑1最为平常。以下进行至黑7，是实战中典型的下法。结果黑棋不及图1好。

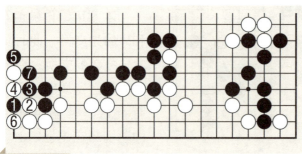

图6 失败

问题3 ▶▶

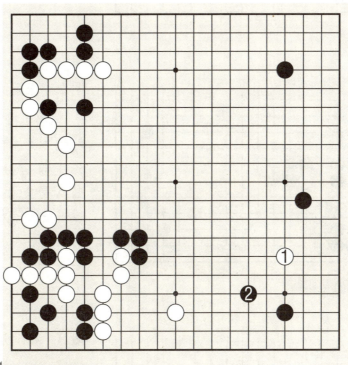

问题图　白先

棋局分析： 白1打入，黑2飞，均是平常的下法。但黑白双方在右边作战之前，白棋可以在左下角问黑棋的应手。请问白棋的试应手是什么？

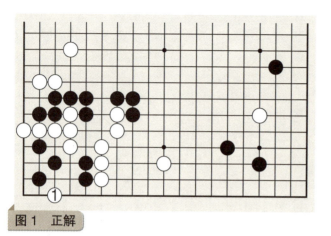

图1 正解

图1 正解

白1问黑棋的应手很巧妙，后续变化请参见图2。

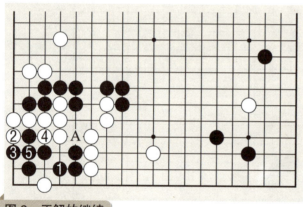

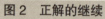

图2 正解的继续

续图1，黑1是局部的本手。白2、4则先手收官。此后由于白A是先手，白棋要攻击左边黑大龙比较容易些。

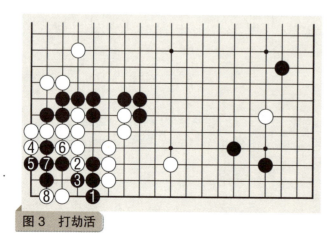

图3 打劫活

黑1如下立则无理。白2冲后，白4、6破眼，至白8，黑角成了打劫活。

图4 变化

黑1如接，白2、4可提黑一子，黑5准备吃白接不归时，白棋可A位冲。后续变化请参见图5。

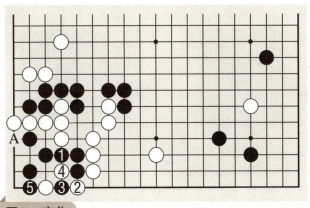

图4 变化

图5 仍是打劫活

续图4，白1冲，黑2挡，白3扑是手筋，黑4提子，白5打吃。黑6打吃时，白7接，破黑眼位极其巧妙。黑8提白四子，白9点进去，黑只能靠打劫做活。

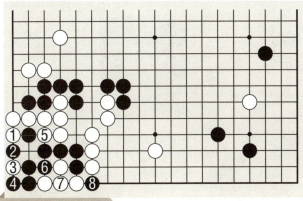

图5 仍是打劫活 ⑨=⑦

图6 白棋不满

白1扳，黑2退，与图2相比，白棋略为不满。

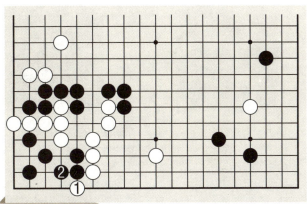

图6 白棋不满

曹薰铉、李昌镐精讲围棋系列

第一辑

精讲围棋官子.官子计算
精讲围棋官子.官子手筋
精讲围棋官子.官子次序

第二辑

精讲围棋棋形.定式常型
精讲围棋棋形.棋形急所
精讲围棋棋形.手筋常型

第三辑

精讲围棋布局.布局基础
精讲围棋布局.布局技巧
精讲围棋布局.布局实战1
精讲围棋布局.布局实战2
精讲围棋布局.布局实战3

第四辑

精讲围棋定式.星定式
精讲围棋定式.小目定式
精讲围棋定式.目外高目三三定式
精讲围棋定式.定式选择
精讲围棋定式.定式活用

第五辑

精讲围棋对局技巧.基本技巧
精讲围棋对局技巧.接触战
精讲围棋对局技巧.实战对攻

第六辑

精讲围棋中盘技巧.打入与侵消
精讲围棋中盘技巧.攻击
精讲围棋中盘技巧.试应手

第七辑

精讲围棋手筋.1
精讲围棋手筋.2
精讲围棋手筋.3
精讲围棋手筋.4
精讲围棋手筋.5
精讲围棋手筋.6

第八辑

精讲围棋死活.1
精讲围棋死活.2
精讲围棋死活.3
精讲围棋死活.4
精讲围棋死活.5
精讲围棋死活.6